प्रैक्टिसिंग
द पॉवर ऑफ़
नाउ

प्रैक्टिसिंग

द पॉवर ऑफ़

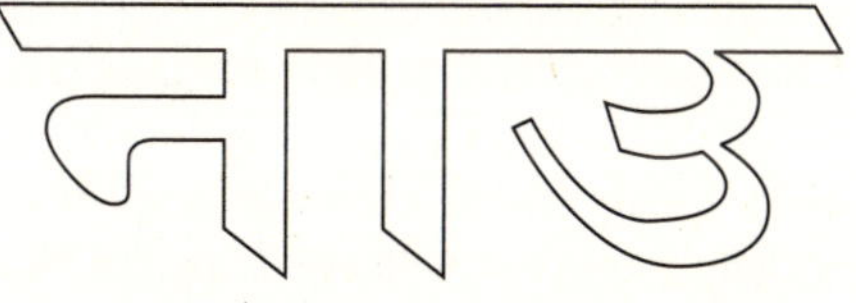

महत्वपूर्ण उपदेश, ध्यान और अभ्यास
'द पॉवर आफ़ नाउ'
(हिंदी अनुवादः शक्तिमान वर्तमान) से

एक्हार्ट टॉल्ल

नया अनुवाद
अचलेश चन्द्र शर्मा

YogiImpressions®

PRACTICING THE POWER OF NOW
(in Hindi)
First published in India in 2012 by
Yogi Impressions LLP
1711, Centre 1, World Trade Centre,
Cuffe Parade, Mumbai 400 005, India.
Website: www.yogiimpressions.com

Cover design: Mary Ann Casler with Jacqueline Verkley
Hindi translation by: Achalesh Chandra Sharma
acsharma.trans@gmail.com

Originally published in the United States by
New World Library, 2001

First India printing (English): August 2002
First Hindi printing: June 2012
Revised edition: October 2019
Sixth reprint: February 2025

ISBN 978-81-88479-91-7

Printed at: Thomson Press, (I) Ltd., Delhi

आपके स्वाधीन-स्वतंत्र होने की शुरुआत तब होती है जब
आप यह जान जाते हैं कि "विचार करने वाला" आप नहीं हैं।
जब आप उस विचार करने वाले का अवलोकन करने की
अवस्था में पहुंच जाते हैं
तब आपमें एक उच्च स्तरीय चेतना कार्य करने लगती है।
तब आपको यह बोध होने लगता है कि
विचार के पार प्रज्ञा का एक विशाल लोक विद्यमान है, कि
विचार तो उस प्रज्ञा का केवल एक बहुत छोटा सा पक्ष है।
तब आप यह भी प्रत्यक्ष रूप से देख पाते हैं कि
जो चीज़ें वास्तव में महत्व रखती हैं
– जैसे सौंदर्य, प्रेम, रचनात्मकता, आनंद, आंतरिक शांति –
इनका उदय मन में नहीं होता बल्कि मन के पार होता है।
तब आपमें जाग होने लगती है।

अनुक्रमणिका

प्रस्तावना 9

अनुवादक की ओर से 13

भूमिका

एक्हार्ट टॉल्ल 17

भाग एक

वर्तमान की शक्ति प्राप्त करना

अध्याय एक 21

बीइंग और एन्लाइटेनमैन्ट

अध्याय दो 33

भय का उद्भव

अध्याय तीन 39

'अब' में प्रवेश करना

अध्याय चार 53

अचैतन्यता को भंग करना

अध्याय पांच 63
वर्तमान में विद्यमान रहने की नीरवता व निश्चलता
में से ही उदित होता है सुन्दरम्

भाग दो

संबंध – आध्यात्मिक साधना के रूप में

अध्याय छः 77
अतीत के संचित दुख का अंत करना

अध्याय सात 91
लत जैसे संबंध से *एन्लाइटेन्ड* संबंध की ओर

भाग तीन

स्वीकार करना और समर्पण करना

अध्याय आठ 107
'अब' को स्वीकार करें

अध्याय नौ 133
रुग्णता व दुख को रूपांतरित करना

प्रकाशक की ओर से

प्रस्तावना

द पॉवर ऑफ़ नाउ का प्रकाशन भारत में सर्वप्रथम हमने जून 2001 में किया था। उस समय हमने बिल्कुल नहीं सोचा था कि इसकी शिक्षाओं का हज़ारों हज़ार भारतीयों पर इतना असाधारण व आश्चर्यजनक प्रभाव पड़ेगा। शायद यही कारण है कि हमें इसके संस्करण बारंबार प्रकाशित करने पड़ रहे हैं, और इसका हिंदी अनुवाद भी। एक बहुपठित आध्यात्मिक पत्रिका में भी इसकी प्रशंसा में कहा गया है, ".... और उनकी पुस्तक *द पॉवर ऑफ़ नाउ* भारत में भी उस बैस्ट सैलर सूची में शामिल हो गई है जिसमें अनेक अध्यात्मवेत्ताओं को स्थान प्राप्त है। यह इस बात का प्रमाण है कि हम लोग किसी भी ऐसी शिक्षा का खुले मन से स्वागत करते हैं जो निष्कपट हो और हमारे हृदय को, हमारे जीवन को छूने वाली हो।"

एक्हार्ट 2002 में भारत यात्रा पर आये थे। उन्होंने चेन्नई और पांडिचेरी में श्रोताओं को संम्बोधित किया था और फिर ऋषिकेश में तीन दिवसीय एक रिट्रीट का भी आयोजन किया था। एक्हार्ट की यह पहली यात्रा मुम्बई में आयोजित दो संध्याकालीन वार्ताओं के साथ संपन्न हुई थी। सैंकड़ों लोग उन्हें सुनने के लिए आए थे।

हाल ही की अपनी फ्रांस यात्रा के दौरान मैं वहां के प्रसिद्ध गिरजाघरों में गया। भारत के बड़े मंदिरों में व्याप्त भीड़-भाड़ और शोर-शराबे के

विपरीत उनमें बहुत गरिमा व शांति थी। भारत से प्रस्थान करने से पहले मुम्बई की एक गली में सड़क किनारे बने एक मंदिर में मेरा जाना हुआ था। पीछे मुड़ कर देखता हूं तो पाता हूं वातावरण में पर्याप्त अंतर होने के बावजूद इस मंदिर में और उन गिरजाघरों में बिताए गए उन पलों में कुछ बड़ी समानता थी। और, मुझे अहसास हुआ कि ऐसा क्यों था और दोनों में क्या समानता थी। यह समानता वह अनुभूति थी जो कि 'भीतर' थी, न कि वह जो कि 'बाहर' थी। यह अपने ही भीतर की शांतता तथा निश्चलता की वह अवस्था थी – *बीइंग* की वह अवस्था थी – जो अधिकतर लोगों ने अपने जीवन में कभी न कभी अनुभव की होती है। एक्हार्ट इसे अदृश्य आंतरिक शरीर कहते हैं – यानी, इस दृश्यमान व साकार शरीर के भीतर विद्यमान एक चैतन्य उपस्थिति। *द पॉवर ऑफ़ नाउ* में वे कहते हैं, "इस बाह्य देह के भीतर, आप ऐसी विराट, ऐसी असीम व पवित्र सत्ता से जुड़े हुए हैं जिसकी न तो कल्पना की जा सकती है और न ही जिसका वर्णन किया जा सकता है – फिर भी मैं उसके बारे में बताने जा रहा हूं। उसके बारे में मैं इसलिए नहीं बता रहा हूं कि आप विश्वास कर लें, बल्कि यह दिखाने के लिए कि आप उसे कैसे जान सकते हैं।"

यही करने में 'प्रैक्टिसिंग द पॉवर ऑफ़ नाउ' आपकी मदद करती है। यह पुस्तक *द पॉवर ऑफ़ नाउ* से आगे बढ़ते हुए और उसके उपदेशों का सार प्रस्तुत करते हुए, हमें बताती है कि "मन की दासता" से खुद को स्वतंत्र कैसे किया जाए। एक्हार्ट हमें बताते हैं कि ध्यान की विधियों तथा अन्य तरीकों के माध्यम से हम अपने विचारों को कैसे शांत कर करें, संसार को वर्तमान पल में कैसे देखें और कैसे उस मार्ग को खोज सकें जो 'गरिमा, सहजता व सुखमय जीवन' की ओर जाता है।

एक्हार्ट के मुंबई से प्रस्थान करने से पहले उनके साथ हुई एक छोटी सी मुलाक़ात के दौरान उन्होंने कहा था कि 'प्रैक्टिसिंग द पॉवर ऑफ़ नाउ' उन लोगों के लिए है जो *द पॉवर ऑफ़ नाउ* का सार-संक्षेप एक ऐसी पुस्तक के रूप में अपने पास रखना चाहते हैं जिसमें वे बारंबार झांक सकें ताकि यह उनके दैनिक जीवन में उन्हें एक चैतन्य अवस्था में

प्रवेश करने और उसमें बने रहने में मदद कर सके। जिन लोगों ने *द पॉवर ऑफ़ नाउ* नहीं पढ़ी है या जो किसी कारण से उससे कुछ घबरा गए हैं, उनके लिए यह पुस्तक उसकी शिक्षाओं को सूत्र रूप में समझने में कदम दर कदम सहायता करेगी।

'वर्तमान पल' के बारे में एक्हार्ट का संदेश किसी स्थान व समय की सीमा में नहीं बंधा है – वह सार्वभौमिक है, शाश्वत है। ज़ेन बौद्धमत को पश्चिम में लाने वाले सेंसी न्योजेन सेनज़ाकी ने 'वर्तमान पल' को अपने शब्दों में कुछ यूं कहा है – "इसे आप अपनी आंखों से देख नहीं सकते। इसे आप अपने हाथों से पकड़ नहीं सकते। इसे आप अपनी नाक से सूंघ नहीं सकते। इसे आप अपने कान से सुन नहीं सकते। इसे आप अपनी जीभ से चख नहीं सकते। इसे आप अपने विचार में कोई रूप-आकार नहीं दे सकते। यह तो साक्षात है – आपके सामने!"

सुखमय, शांतिमय

– गौतम सचदेव
अगस्त 2002

अनुवादक की ओर से

वाक़ई, *द पॉवर ऑफ़ नाउ* (हिंदी अनुवाद: शक्तिमान वर्तमान) एक ऐसी पुस्तक है जिसने विश्व भर में असंख्य लोगों का जीवन प्रभावित किया है, उनका जीवन बदल दिया है। *प्रैक्टिसिंग द पॉवर ऑफ़ नाउ* उसी पुस्तक का सार-संक्षेप है।

यह पुस्तक – *प्रैक्टिसिंग द पॉवर ऑफ़ नाउ* – उनके लिए भी है जिन्होंने इसकी मूल पुस्तक *द पॉवर ऑफ़ नाउ* पढ़ी है, और उनके लिए भी है जिन्होंने उसे नहीं पढ़ा है। जिन्होंने उसे पढ़ा है उनके लिए यह पुस्तक एक संदर्भ ग्रंथ की तरह, *द पॉवर ऑफ़ नाउ* में सविस्तार किए गए मार्गदर्शन को, सूत्र रूप में तत्काल प्रस्तुत कर देगी, और जिन्होंने उसे नहीं पढ़ा है उनके लिए भी यह पुस्तक जीवन के नए व आश्चर्यजनक आयाम खोल देगी, और साथ ही इसकी मूल पुस्तक *द पॉवर ऑफ़ नाउ* को पढ़ने के लिए उन्हें प्रेरित करेगी जिसने कि असंख्य लोगों के जीवन को रूपांतरित कर दिया है।

तथापि, इसमें प्रयुक्त किए गए कुछ शब्दों को स्पष्ट कर देना मैं आवश्यक समझता हूं क्योंकि किसी एक भाषा के किसी शब्द के गूढ़ अर्थ को पूरी तरह दर्शाने वाला कोई शब्द दूसरी भाषा में भी मिल ही जाए, यह सदैव संभव नहीं हो पाता है – विशेषकर अध्यात्म जैसे गंभीर विषय में। इसलिए उस शब्द को अनुवाद करते समय ज्यों का त्यों ही लिखना

अधिक उचित रहता है, जैसे हिंदी के कर्म, निर्वाण, लीला, मोक्ष इत्यादि शब्दों को अंग्रेज़ी अनुवादों में इटैलिक में ज्यों का त्यों ही लिख दिया जाता है ताकि इन शब्दों के अर्थ की मौलिकता बनी रहे, वह संदूषित न हो। ऐसा ही इस पुस्तक के अनुवाद में भी किया गया है, जैसे:

Being: यह शब्द अपने आपमें बहुत कुछ कहता है। हिंदी शब्दकोश इसके लिए अस्तित्व, सत्ता, जीवन, आत्मा, सत्व, वजूद जैसे शब्द सुझाते तो हैं लेकिन इन शब्दों को हिंदी में हम जिन अर्थों मे प्रयुक्त करते हैं वे इसके अर्थ का यथार्थ व पूरा अर्थ नहीं दे पाते हैं। इसलिए, इस शब्द की व्यापकता तथा यथार्थता को बनाए रखने के लिए मैंने इसे यथावत प्रयुक्त किया है – *बीइंग*। *बीइंग* क्या है इसकी स्पष्ट व्याख्या लेखक ने स्वयं इस पुस्तक में कर दी है, इसलिए इसे समझने में पाठकों को कोई कठिनाई नहीं होगी।

Presence: इस शब्द के लिए हिंदी में उपस्थिति, विद्यमानता जैसे शब्द उपलब्ध हैं लेकिन इनमें शारीरिक रूप से मौजूद होने का आभास मिलता है, जब कि लेखक ने इसे एक व्यापक अर्थ में मौजूद रहने के लिए प्रयुक्त किया है। इसलिए सीमित अर्थ वाले इन शब्दों का प्रयोग न करके मैंने इसे ज्यों का त्यों *प्रेज़ैंस* लिखना बेहतर समझा है, हालांकि स्पष्टता की दृष्टि से कहीं-कहीं उपस्थिति तथा विद्यमानता का भी प्रयोग किया है।

Enlightenment: इसके लिए हिंदी में आत्मज्ञान या ज्ञानप्राप्ति का प्रयोग किया जाता है लेकिन यह भी एक व्यापक अर्थ वाला शब्द है और इसलिए इस शब्द को भी मैंने यथावत *एन्लाइटेनमैन्ट* के रूप में ही प्रयुक्त करना उचित समझा है। अच्छी बात यह है कि लेखक ने इस पुस्तक में इस शब्द की भी स्पष्ट व्याख्या कर दी है ताकि इसका अर्थ पूरी तरह से समझ में आ सके।

इस पुस्तक में अनेक स्थानों पर प्रयुक्त किया गया एक हिंदी शब्द है – तादात्म्यता (जिसे अंग्रेज़ी के शब्द identification के लिए प्रयुक्त किया गया है)। तादात्म्यता उस अवस्था को कहते हैं जब आप अपना अस्तित्व किसी दूसरी चीज़ के साथ इतना मिला देते हैं कि आप पूरी

तरह उसके साथ अभिन्न, एकाकार, एकात्म और एकजान हो जाते हैं, उसमें घुल जाते हैं, और खुद भूल कर अपने आपको वही समझने लगते हैं क्योंकि उसकी सोच ही तब आपकी सोच हो जाती है – वह चाहे कोई व्यक्ति हो, पंथ हो, दल हो, या आपका अपना ही मन हो। इस किताब को पढ़ने के लिए इस शब्द को समझना बहुत महत्वपूर्ण है।

अनुवाद को काफ़ी सरल करने का प्रयास किया गया है लेकिन जिस विषय पर यह किताब लिखी गई है चूंकि वह एक गंभीर विषय है इसलिए कहीं-कहीं इसे एकदम तरल जैसा सरल भी नहीं किया जा सकता था। लेकिन कहीं अटक मत जाइयेगा, बल्कि पढ़ते जाइयेगा, क्योंकि आगे चल कर वह बात स्वयं स्पष्ट होती चली जायेगी।

इसकी मूल पुस्तक *द पॉवर ऑफ़ नाउ* में लेखक ने बुद्ध द्वारा दी गई *एन्लाइटेनमैन्ट* की परिभाषा का उल्लेख किया है: 'दुख का अंत हो जाना'। उसी *एन्लाइटेनमैन्ट* के पथ पर आपकी यात्रा का शुभारंभ है यह किताब!

अचलेश शर्मा
मेरठ

भूमिका

एक्हार्ट टॉल्ल

1997 में पहली बार प्रकाशित होने के बाद से, *द पॉवर ऑफ़ नाउ* ने इस धरती की सामूहिक चेतना को इतना प्रभावित किया है जिसकी कि मैंने कल्पना भी नहीं की थी। अभी तक 33 से अधिक भाषाओं में इसका अनुवाद हो चुका है, और पूरी दुनिया से पाठकों के मेल मुझे हर दिन मिलते रहते हैं जो कहते हैं कि इस पुस्तक में दी गई शिक्षाओं के संपर्क में आने से उनका तो जीवन ही बदल गया है।

हालांकि अहंकारी मन के पागलपन का प्रभाव अभी भी हर तरफ़ दिखाई पड़ रहा है, लेकिन कुछ नया भी उभर कर आ रहा है। पहले इतने सारे लोग उस सामूहिक मानसिक-ढांचे को तोड़ने के लिए कभी तैयार नहीं थे जिसने कि मानवता को दुख की बेड़ियों में न जाने कब से बांधा हुआ है। चेतना की एक नई अवस्था उदित हो रही है। बहुत दुख उठा चुके हैं हम! अब, इस पल, में वह चेतना आपके मन में भी उदित हो रही है क्योंकि आपके हाथों में यह पुस्तक है और आप उन पंक्तियों को पढ़ रहे हैं जो कि आपको एक दुखमुक्त जीवन जीने की संभावना दिखा रही हैं – एक ऐसा जीवन जीने की संभावना दिखा रही हैं जिसमें आप न तो स्वयं को दुख देने वाले हैं और न ही दूसरों को।

मुझे पत्र लिखने वाले पाठकों में से बहुतों ने यह इच्छा प्रकट की है कि *द पॉवर ऑफ़ नाउ* पुस्तक में दी गईं व्यावहारिक शिक्षाओं का

संकलन एक तुरंत-संदर्भ की जा सकने वाली पुस्तक के रूप में प्रकाशित किया जाए ताकि वे अपने दैनिक जीवन में उनका उपयोग आसानी से कर सकें। उनके इसी अनुरोध ने मुझे यह पुस्तक लिखने को प्रेरित किया है।

क्रियात्मक अभ्यासों के अलावा, इस पुस्तक में मूल पुस्तक के कुछ छोटे-छोटे अंश भी शामिल किए गए हैं ताकि वे आपको उस बोध तथा उन अवधारणाओं का पुनः पुनः स्मरण करा सकें और प्रतिदिन आपके जीवन का आधार बन सकें।

उन अंशों में से कुछ तो विशेष रूप से गहन चिंतनशील स्वाध्याय के लिए बहुत ही उपयुक्त हैं। जब आप ऐसा गहन चिंतनशील स्वाध्याय करने लगते हैं तब दरअसल आप कोई नया ज्ञान पाने के लिए नहीं पढ़ रहे होते हैं, बल्कि पढ़ते-पढ़ते चेतना की एक विशिष्ट अवस्था में प्रवेश करने के लिए पढ़ रहे होते हैं। इसीलिए, तब आप किसी भी उद्धरण को पुनः पुनः पढ़ सकते हैं, और हर बार वह उद्धरण आपको नया व ताज़ा ही लगता है। केवल वे ही शब्द ऐसी रूपांतरकारी शक्ति रखते हैं जो कि *प्रेज़ैंस* वाली अवस्था में – यानी, वर्तमान में विद्यमान रहने वाली अवस्था में – लिखे या बोले गए होते हैं। और, यह शक्ति पाठक में भी *प्रेज़ैंस* वाली अवस्था को जगा देती है।

अच्छा यह होगा कि इन उद्धरणों को पढ़ने में जल्दबाज़ी न की जाए, बल्कि इन्हें धीरे-धीरे पढ़ा जाए। इन्हें पढ़ते-पढ़ते कई बार ऐसा हो सकता है कि आप थोड़ा थमना चाहें और कुछ पल शांत चिंतन में, या केवल शांतता में उतरना चाहें। या, कभी-कभी इस पुस्तक को उठा कर इसमें कहीं से भी कुछ पक्तियां पढ़ना चाहें।

जो पाठक *द पॉवर ऑफ़ नाउ* को पढ़ने-समझने में कठिनाई अनुभव कर रहे थे, उनको यह पुस्तक उसको पढ़ने-समझने में सहायक सिद्ध होगी।

एक्हार्ट टॉल्ल
9 जुलाई, 2001

भाग एक

वर्तमान की शक्ति प्राप्त करना

जब आपकी चेतना

बहिर्मुखी होती है

तब मन और संसार ही दिखाई देते हैं,

किंतु

जब आपकी चेतना

अंतर्मुखी हो जाती है

तब उसे अपने स्रोत का बोध होता है

और वह अपने घर वापस आकर

अव्यक्त में लीन हो जाती है।

अध्याय एक

बीइंग और एन्लाइटेनमैन्ट

जन्म-मरण के अधीन रहने वाले और नानारूप वाले जीवनों से परे परम जीवन भी है जो कि शाश्वत है, अनश्वर-अविनाशी है। उसे बहुत से लोग 'ईश्वर' कहते हैं; उसे ही अधिकतर मैं *बीइंग* कहता हूं। *बीइंग* शब्द कुछ भी बयां नहीं करता, और *ईश्वर* शब्द भी नहीं करता। तथापि, *बीइंग* शब्द के साथ एक अच्छी बात यह है कि यह कोई सीमित व संकुचित अवधारणा वाला शब्द नहीं है। यह शब्द उस असीम-अदृश्य को घटा कर कोई सीमित अस्तित्व नहीं बनाता। इस शब्द की कोई मानसिक छवि बनाना भी संभव नहीं है। कोई इस पर केवल अपना ही आधिपत्य भी नहीं जमा सकता है। यह तो आपका वास्तविक मूल तत्व है, और आपकी अपनी विद्यमानता की अनुभूति के रूप में, यानी मैं यह हूं या मैं वह हूं के बजाय *मैं हूं* के बोध के रूप में – *बीइंग* के रूप में – आपकी तुरंत पहुंच में रहता है। इसलिए, *बीइंग* शब्द के और *बीइंग* को अनुभव करने के बीच का फ़ासला बस एक कदम का है।

***बीइंग*, यह जीवन–अस्तित्व, केवल पार व परे ही नहीं है** बल्कि हर रूप के अंदर अपने अंतरतम अदृश्य तथा अविनाशी तत्व रूप में यह विद्यमान रहता है। इसका तात्पर्य यह है कि यह आपकी अंतरात्मा के रूप में, आपके वास्तविक स्वरूप में, अभी ही

उपलब्ध है। लेकिन, अपने मन से इसे पकड़ने का प्रयास मत कीजिएगा। इसे समझने का भी प्रयास मत कीजिएगा।

इसे आप केवल तब जान सकते हैं जब आपका मन बिल्कुल शांत हो, निश्चल हो। जब आपका अवधान पूरी तरह से, प्रगाढ़ रूप से, 'अब' में हो, जब आप 'अब' में विद्यमान हों, तब *बीइंग* को महसूस किया जा सकता है, लेकिन उसे मानसिक स्तर पर कभी नहीं समझा जा सकता।

बीइंग के प्रति सजगता को पुनः प्राप्त कर लेना और इस "अनुभूत-यथार्थ" की अवस्था में बने रहना – यही है आत्मज्ञान, *एन्लाइटेनमैन्ट*।

आत्मज्ञान या *एन्लाइटेनमैन्ट* शब्द में एक अलौकिक व दिव्य उपलब्धि वाली धारणा की कल्पना कर ली गई है, और हमारा अहं इसे इसी रूप में रखना पसंद भी करता है, लेकिन आत्मज्ञान का सीधा-सच्चा अर्थ है अपने *बीइंग* के साथ अभिन्नता की अवस्था में होना, यानी खुद को अपने *बीइंग* से भिन्न न समझने की एक स्वाभाविक अवस्था में रहना। यह किसी ऐसी चीज़ के साथ जुड़ने की अवस्था है जो अपरिमेय है, अविनाशी है, जो कि तत्व रूप में तो वह आप ही है लेकिन फिर भी वह आपसे कहीं अधिक विराट है। नाम और रूप से परे अपने सच्चे स्वरूप को पहचानना है यह।

इस संबद्धता को अनुभव करने में अक्षम होना ही तो पृथकता का व भिन्नता का भ्रम पैदा किया करता है – खुद से भी और अपने चारों तरफ़ के संसार से भी। तब जाने-अनजाने आप स्वयं को एक अलग, विलग खंड के रूप में देखने व महसूस करने लगते हैं। इससे आपमें भय का समावेश हो जाता है और परिणामस्वरूप भीतर-बाहर द्वंद्व का रहना तब एक सामान्य अवस्था बन जाती है।

अपनी संबद्धता के इस सत्य को जानने में जो सबसे बड़ी बाधा आती है वह है आपका अपने मन के साथ तादात्म्य कर लेना, यानी उसके साथ एकात्म हो जाना। ऐसा करना विचार को अनिवार्य बना देता है। विचार को, सोचने को, रोक पाने में असमर्थ होना एक दुखदायी अवस्था है,

एक बड़ा भारी क्लेश है, लेकिन हमें इसका भान इसलिए नहीं हो पाता है क्योंकि लगभग हर कोई इससे पीड़ित रहता है, इसलिए हमने इसे एक सामान्य अवस्था मान लिया है। लगातार चलता यह मानसिक शोर आपको आंतरिक शांति के उस प्रदेश में प्रवेश कर पाने से वंचित कर देता है जो कि *बीइंग* के साथ अपृथक्य रूप से रहा करता है। यह अवस्था एक मिथ्या व मनगढ़ंत अहं को भी रच लेती है जो कि भय और दुख का अंधकार फैला देता है।

अपने मन के साथ खुद को तादात्मय कर लेना धारणाओं, लेबलों, छवियों, निष्कर्षों और परिभाषाओं का एक ऐसा धुंधला परदा बना देता है जो कि सभी सच्चे संबंधों में बाधक बन जाता है। यह परदा आपके और स्वयं आपके बीच, आपके और आपके संगी-साथियों के बीच, आपके और प्रकृति के बीच, आपके और ईश्वर के बीच आ जाता है। यह विचार का परदा ही है जो कि पृथकता का, अलगाव का भ्रम पैदा कर देता है – यह भ्रम कि एक आप हैं *और* एक बिल्कुल अलग "कोई और" है।

मन एक बहुत ही उत्कृष्ट उपकरण है, बशर्ते कि इसका सही तरह इस्तेमाल किया जाए। लेकिन, ग़लत तरीके से इस्तेमाल किए जाने पर यह बड़ा विनाशकारी भी हो जाता है। और भी स्पष्ट रूप से कहा जाए तो बात केवल इतनी ही नहीं है कि आप अपने मन का इस्तेमाल ग़लत तरीके से करते हैं, बल्कि आमतौर तो आप उसका इस्मेताल करते ही नहीं हैं – दरअसल, वह ही *आपका* इस्तेमाल किया करता है। असल रोग यही है। आप समझते हैं कि आप अपना मन है। यह भ्रांति है, भ्रम है, मिथ्या आभास है। इसका अर्थ तो यह है कि यह उपकरण आप पर हावी हो चुका है – आप उसके वशीभूत हो गएँ हैं।

यह लगभग ऐसा ही है जैसे आपके दिलोदिमाग पर कोई हावी हो जाए और आपको इस बात का पता भी न हो, और फिर हावी होने वाले के स्वरूप को ही आप अपना स्वरूप समझने लगें।

स्वतंत्र होने का शुभारंभ इस ज्ञान से होता है कि जो आप पर हावी है वह आप नहीं हैं, आप उससे अलग हैं – यानी आप

विचारकर्ता नहीं हैं, विचार से अलग हैं। यह जानना आपको अपने स्वरूप को देखने की क्षमता प्रदान करता है। जब आप *विचारकर्ता को देखना, उसका अवलोकन करना* आरंभ कर देते हैं, तब चैतन्यता का एक उच्च स्तर आपमें सक्रिय हो उठता है।

तब आपको यह बोध होना आरंभ हो जाता है कि विचार से परे प्रज्ञा का एक विशाल साम्राज्य भी है, कि विचार तो उस प्रज्ञा का एक क्षुद्र, एक नगण्य पहलू मात्र है। तब आपको यह भी बोध हो जाता है कि सचमुच महत्व वाली चीज़ें – जैसे सौंदर्य, प्रेम, रचनात्मकता, हर्ष, आंतरिक शांति – ये सब मन में नहीं पैदा होते बल्कि मन के पार ही पैदा होते हैं।

तब, आप जागना, चैतन्य होना आरंभ करते हैं।

खुद को अपने मन के चंगुल से आज़ाद करना

अच्छी बात यह है कि आप खुद को अपने मन से आज़ाद *कर सकते हैं,* और यही होती है सच्ची मुक्ति। इसका पहला कदम तो आप अभी के अभी उठा सकते हैं।

जब भी हो सके, आप अपने सिर के अंदर बोलती आवाज़ को ध्यान से सुनना शुरू कीजिए। बार-बार आने वाले उन विचारों के ढर्रे पर विशेष ध्यान दीजिए जो ऑडियो टेप की तरह आपके सिर में शायद वर्षों से बजते आ रहे हैं।

"विचारकर्ता का अवलोकन" करने का मेरा यही अर्थ है, इसका का छोटा सा सूत्र यह है: अपने सिर में बोलती आवाज़ को ध्यान से सुनिए, एक साक्षी के रूप में वहां उपस्थित रहिए।

जब आप उस आवाज़ को सुनें तो निष्पक्ष हो कर सुनें, यानी उसके बारे में कोई निर्णय-निष्कर्ष न निकालें। जो आप सुनें उसकी कोई निंदा-आलोचना भी न करें और न ही किसी नतीजे पर पहुंचें, क्योंकि ऐसा करने का अर्थ तो यही होगा कि वही आवाज़ पिछले दरवाज़े से दोबारा आपके अंदर प्रवेश कर गई है। फिर, आपको प्रत्यक्ष अनुभव होने लगेगा: एक आवाज़ है, और उसे *मैं सुन रहा हूं,* ध्यान से सुन रहा हूं। यह *मैं सुन रहा हूं* वाला बोध, आपके स्वयं वहां उपस्थित होने का यह भाव, यह कोई विचार नहीं होता है। यह बोध तो मन के पार से आ रहा होता है।

इस तरह से जब आप अपना कोई विचार सुनते हैं, तब आप केवल उस विचार के प्रति ही सजग नहीं रहते हैं बल्कि उस विचार के साक्षी के रूप में खुद के प्रति भी सजग रहते हैं। तब चैतन्यता का एक नया ही आयाम आप में आ गया होता है।

जब आप उस विचार को सुनते हैं, तो उस विचार के पीछे या उसके नीचे-नीचे आप एक चैतन्य उपस्थिति को – अपने गहन स्वरूप को – अनुभव करते हैं। ऐसे में, वह विचार आप पर हावी होने की अपनी शक्ति खो देता है और शीघ्र ही तिरोहित हो जाता है, क्योंकि तब आप मन के साथ तादात्म्यता न करने के कारण मन को कोई ऊर्जा नहीं दे रहे होते हैं। बेइरादा, बेइख्तियार और खुद-ब-खुद चलने वाली मनोग्रस्त विचार प्रक्रिया के अंत की शुरुआत होती है यह।

कोई विचार जब तिरोहित हो जाता है तब आप अपने मन की धाराप्रवाहता में एक विराम, एक अवकाश महसूस करते हैं – 'मन की अनुपस्थिति' जैसा एक अंतराल महसूस करते हैं। पहले-पहल तो यह अंतराल छोटे-छोटे ही होंगे, शायद कुछ पलों के ही हों, लेकिन धीरे-धीरे ये अंतराल लंबे होते चले

जायेंगे। जब ये अंतराल आते हैं तब आप अपने भीतर एक तरह का ठहराव और शांति महसूस करते हैं। *बीइंग* के साथ एकता अनुभव करने वाली सहज-स्वाभाविक अवस्था की शुरुआत होती है यह, जिसे कि अभी तक आपके मन द्वारा दुरूह तथा दुर्गम बनाया जाता रहा था।

अभ्यास करते-करते, ठहराव, स्थिरता, नीरवता और शांति का यह अहसास, यह अनुभूति गहन से गहनतर होती जायेगी। दरअसल, इस गहनता की कोई थाह नहीं होती है। तब, आप अपने भीतर गहराई से आते हुए आनंद के एक सूक्ष्म आविर्भाव को महसूस करेंगे: *बीइंग* का आनंद होगा यह।

भीतरी संबद्धता व जुड़ाव की इस अवस्था में, आप मन के साथ तादात्म्य में रहने की अवस्था की अपेक्षा कहीं अधिक जागरूक, कहीं अधिक प्रबुद्ध रहते हैं। आप पूरी तरह उपस्थित रहते हैं, विद्यमान रहते हैं। यह अवस्था उस ऊर्जा क्षेत्र की स्पंदन आवृत्ति को भी बढ़ा देती है जो हमारे शरीर को जीवन देता है।

'मन की अनुपस्थिति' वाले इस प्रदेश में जब आप और भी गहरे में जाते हैं, तब आप विशुद्ध चैतन्यता की अवस्था अनुभव करते हैं। इस अवस्था में, आपको अपनी ही उपस्थिति इतनी सघनता के साथ, इतने आनंद के साथ अनुभूत होती है कि उसकी तुलना में आपकी तमाम विचारणा, तमाम भावनाएं, पंचतत्वों का आपका यह शरीर, और समूचा बाहरी संसार – ये सब अपेक्षाकृत महत्वहीन और नगण्य हो जाते हैं। लेकिन फिर भी, यह कोई स्वार्थपरता वाली अवस्था नहीं होती, बल्कि अंतर्हिततता वाली अवस्था रहती है। अभी तक जिसे आप "स्वयं आप" के रूप में देखते-समझते आए थे, उससे यह आपको पार और परे ले जाती है। यह उपस्थिति सारभूत रूप से आप स्वयं होते हैं किंतु अबोध्य और असीम रूप से यह आप से विराट भी होती है।

"विचारकर्ता का अवलोकन" करने के बजाय आप ऐसा भी कर सकते हैं कि अपने अवधान का, अपने ध्यान का फ़ोकस 'अब' की ओर मोड़ कर अपने मन की निरंतर चलायमानता में एक अंतराल पैदा कर दें। केवल वर्तमान पल के प्रति अत्यंत चैतन्य हो जाएं, बस।

ऐसा करना गहरा संतोष देने वाला होता है। इस तरह से, आप अपनी चैतन्यता को मन की हरकतों से बचा कर दूर ले जाते हैं और इस तरह 'मन की अनुपस्थिति' वाला एक अंतराल, एक फ़ासला, एक ठहराव बना लेते हैं जिसमें आप अत्यंत सजग व सचेत तो रहते हैं लेकिन विचार नहीं कर रहे होते हैं। यही है ध्यान का सार।

अपने दिन–प्रतिदिन के जीवन में, इसका अभ्यास आप रोजमर्रा के किसी भी ऐसे काम को करते हुए कर सकते हैं जिसे कि आदतन करना आपकी दिनचर्या का एक भाग हुआ करता है – अब उस काम को आदतन करने के बजाय उसे आप अपना पूरा अवधान देकर, अपनी पूरी तवज्जो देकर करें, जिससे कि वह काम भी अपने आपमें एक लक्ष्य बन जाए। उदाहरण के लिए, अपने घर में या अपने कार्यस्थल पर जब भी आप सीढ़ियां चढ़ें या उतरें तब अपने हर कदम पर, अपनी हर गतिविधि पर, यहां तक कि अपने सांस पर भी, आप अपना पूरा-पूरा ध्यान बनाए रखें। यानी, पूरी तरह वहीं विद्यमान रहें।

या, जब भी आप अपने हाथ धोएं तब हाथ धोने के दौरान अपने हाथों पर महसूस होने वाली सभी अनुभूतियों पर ध्यान दें – पानी की आवाज़, आपके हाथों पर पानी की छुअन, हाथों का संचालन, साबुन की सुगंध, वगैरह, वगैरह।

या, जब आप अपनी कार में बैठें तब दरवाज़ा बंद कर लेने के बाद, कुछ पल ठहरें और अपने श्वास-प्रश्वास की गति पर ध्यान दें। वहां अपनी उपस्थिति की नीरव, शांत लेकिन ऊर्जस्वी अनुभूति को महसूस करें।

> एक ऐसा पैमाना है जिस पर आप इस अभ्यास की सफलता को माप सकते हैं यानी शांति की वह मात्रा जो आप अपने भीतर महसूस करते हैं।

आत्मज्ञान, *एन्लाइटेनमैन्ट*, प्राप्त करने की आपकी यात्रा में जो एक अकेला सबसे महत्वपूर्ण कदम है वह है: खुद को अपने मन के खोल से बाहर निकालना सीखें। जब भी आप अपने मन की चलायमानता में एक अंतराल पैदा कर लेते हैं, तब आपकी चैतन्यता का प्रकाश अधिक प्रबल होकर निकलता है।

एक दिन ऐसा भी आ सकता है कि जब आप अपने सिर में से आने वाली आवाज़ को सुनकर कुछ इस तरह मुस्कुरा पड़ें जैसे कि आप किसी बच्चे की कलाबाज़ी पर या उसकी उछल-कूद पर मुस्कुरा पड़ते हैं। इसका मतलब यह होगा कि अपने मन की विषय-वस्तु को अब आप पहले जैसी गंभीरता से नहीं लेते हैं, क्योंकि अब आपका स्व का भाव आपके मन पर निर्भर नहीं करता है।

विचार के स्तर से ऊपर उठना ही *एन्लाइटेनमैन्ट* है

जैसे-जैसे आप बड़े होते जाते हैं, अपनी व्यक्तिगत तथा सांस्कृतिक संस्कारग्रस्तता के आधार पर आप अपनी एक मानसिक छवि रचते जाते हैं कि आप क्या हैं। अपनी इस मायावी या काल्पनिक छवि को हम अहं कह सकते हैं। यह अहं हमारे मन की हरकतों का ही बना हुआ होता है और इसलिए इसका बना रहना हमारी लगातार चलने वाली सोच पर ही टिका होता है। अहं शब्द का अर्थ अलग-अलग लोगों के लिए अलग-अलग हो सकता है, लेकिन जब मैं यहां इस शब्द को प्रयोग करूं तो इसका अर्थ होगा – वह मिथ्या 'मैं' जो कि अपने मन के साथ अचैतन्य रूप से खुद को तादात्मय कर लेने से उत्पन्न हुआ होता है।

अहं के लिए, वर्तमान पल तो जैसे होता ही नहीं है। उसके लिए तो केवल अतीत और भविष्य ही महत्वपूर्ण हुआ करते हैं। मन द्वारा इस तरह सत्य को पूर्णतया पलट दिए जाने से इस तथ्य का पता चल जाता है कि अहं की रीति-नीति पर चल-चल कर ही मन इतना अधिक अव्यवस्थित, बेतरतीब और गड़बड़झाला बन गया है। हमेशा ही, अहं अतीत को जीता-जागता बनाए रखने की जुगत में रहा करता है, क्योंकि अतीत के बिना भला आप कौन रह जाते हैं? खुद को वह लगातार भविष्य में प्रक्षेपित करता रहता है – अपने अस्तित्व को निरंतर सुनिश्चित करने के लिए भी और उसमें किसी तरह की राहत या उपलब्धि पाने के लिए भी। यह अहं ही है जो कहा करता है: "एक दिन जब ऐसा हो जायेगा या वैसा हो जायेगा, या कुछ और हो जायेगा, तब सब ठीक हो जायेगा, तब मैं सुखी हो जाऊंगा, तब मुझे शांति मिल जायेगी।"

जब कभी अहं वर्तमान में रुचि ले भी रहा होता है तब भी वह उस वर्तमान को यथावत नहीं देख रहा होता, बल्कि उसे पूरी तरह से ग़लत रूप में देख रहा होता है क्योंकि वह उसे हमेशा अतीत की दृष्टि से ही देखा करता है। या, वह वर्तमान को किसी लक्ष्य की प्राप्ति का केवल एक साधन बना रहा होता है – कोई ऐसा लक्ष्य मान रहा होता है जो कि मन-रचित भविष्य में ही कहीं स्थित रहा करता है। अपने मन का अवलोकन किया कीजिए, तब आप जान जायेंगे कि वह किस तरह से काम करता है।

स्वतंत्रता की चाबी वर्तमान पल में ही उपलब्ध रहा करती है, लेकिन जब तक आप स्वयं अपना मन *बने हुए हैं* तब तक आप वर्तमान पल को पा ही नहीं सकते हैं।

आत्मज्ञान का, *एन्लाइटेनमैन्ट* का मतलब है विचार से ऊपर उठना। आत्मज्ञान की अवस्था में भी, आप अपने विचारकर्ता मन का इस्तेमाल तो करते हैं, लेकिन तभी करते हैं जब ऐसा करना आवश्यक होता है, और वह भी पहले की अपेक्षा कहीं अधिक केंद्रित तथा प्रभावी ढंग से। तब आप अपने मन का उपयोग केवल व्यावहारिक कामकाज के लिए किया

करते हैं, किंतु इसकी खुद-ब-खुद और लगातार चलने वाली अंदरूनी बक-बक से आप आज़ाद ही रहते हैं, और इससे आपको एक भीतरी नीरवता, निश्चलता व शांति मिलती है।

अगर कभी आप अपने मन का प्रयोग करते भी है, और ख़ासतौर से तब करते हैं जब किसी रचनात्मक समाधान की आवश्यकता आ पड़ती है, तब भी आप हर कुछ मिनटों में विचार और विचाररहितता के बीच, मन और मनरहितता के बीच आते-जाते रहते हैं। 'मन के अनुपस्थित' रहने की अवस्था ही विचाररहित चैतन्यता की अवस्था होती है। केवल इसी अवस्था में रचनात्मक रूप से सोचना संभव हो पाता है, क्योंकि इसी अवस्था में विचार में वास्तविक शक्ति होती है। अकेला विचार – यानी विचार जब चैतन्यता वाले अत्यंत विशाल साम्राज्य के साथ संबद्ध नहीं रहता – तब विचार बहुत शीघ्र ही निरर्थक, उन्मादी और विनाशक बन जाता है।

भावुकता:
आपके मन के प्रति होने वाली आपके तन की प्रतिक्रिया

जिस रूप में मैं मन शब्द का प्रयोग किया करता हूं, वह मन केवल विचार नहीं होता। इसमें आपकी भावनाएं और उनके साथ-साथ समूचा अचैतन्य मानसिक तथा भावुक प्रतिक्रिया वाला एक पूरा ढर्रा भी उसमें शामिल रहता है। भावुकता तब उभर कर आती है जब मन और शरीर मिल जाते हैं। आपके मन के प्रति आपके शरीर की प्रतिक्रिया ही भावुकता होती है – या आप यह कह सकते हैं कि आपके शरीर पर पड़ने वाला आपके मन का प्रतिबिंब ही भावुकता होती है।

अपनी विचार प्रक्रिया के साथ, अपनी पसंद-नापसंद के साथ, अपने निर्णय-निष्कर्षों के साथ, अपने अर्थ-निरूपण के साथ आप जितना अधिक तादात्म्य रहा करते हैं, यानी अपनी चेतना के साथ आप जितने कम उपस्थित रहते हैं, आपकी भावुकता की शक्ति उतनी ही बलवती

होती जाती है – भले ही इस बात से आप अवगत रहते हों या न रहते हों। अगर आप भावनाओं को महसूस ही नहीं कर सकें, अगर आप उनसे से नाता तोड़ लें तो परिणाम यह होगा कि उनको आप केवल शारीरिक स्तर पर ही महसूस करेंगे – केवल एक शारीरिक समस्या की तरह या किसी लक्षण की तरह।

यदि आपको अपनी भावनाओं को अनुभूत करने में कोई कठिनाई होती है तो आप अपने शरीर की आंतरिक शक्ति पर अपने ध्यान को फ़ोकस करना शुरू कीजिए। अपने शरीर को अपने अंदर से महसूस कीजिए। ऐसा करना आपको अपनी भावनाओं के संपर्क में भी ले आयेगा।

यदि आप अपने मन को वास्तव में जानना चाहते हैं तो आपका शरीर उसका एक सच्चा प्रतिबिंब दिखा देगा, इसलिए अपनी भावना को अपने शरीर में देखिए, बल्कि महसूस कीजिए। अगर इन दोनों में साफ़ तौर पर कोई द्वंद्व दिखाई दे तो विचार झूठ बोल रहा होगा और भावना सच बोल रही होगी – वह वाला परम सच नहीं कि आप कौन हैं, बल्कि आपके मन की अवस्था का तत्कालीन सच।

हो सकता है कि अपने अचेतन मन की गतिविधियों को *विचार के रूप में* पहचानने में अभी आप सक्षम न हुए हों, लेकिन शरीर में एक *भावना के रूप में* तो वह हमेशा ही प्रतिबिंबित हुआ करता है, और उसके प्रति आप सजग व अवगत हो सकते हैं।

किसी भावना को इस तरह से देखना ऐसा ही है जैसे किसी विचार को देखना या सुनना, जैसा कि मैंने पहले बताया है। अंतर केवल इतना है कि विचार तो आपके मन में रहा करता है, जब कि भावना में एक सशक्त शारीरिक अंश होता है, और इसलिए मुख्य रूप से वह शरीर में ही महसूस की जाती है। तब, उस भावना से नियंत्रित हुए बिना ही आप उसे शरीर में

ही रहने दे सकते हैं। ऐसे में, आप खुद वह भावना नहीं बन जाते हैं, बल्कि उसकी उपस्थिति के दृष्टा बन जाते हैं, उसके अवलोकनकर्ता बन जाते हैं।

अगर आप इसका अभ्यास करेंगे तो जो कुछ भी आपके अंदर अचैतन्य है वह सब चैतन्य के प्रकाश में आ जायेगा।

अपने आप से यह प्रश्न पूछने की आदत डालिए: इस पल मेरे अंदर क्या चल रहा है? यह प्रश्न आपको सही दिशा की ओर संकेत कर देगा। लेकिन उसका कोई विश्लेषण करने मत बैठ जाइए, बस अवलोकन कीजिए। अपने ध्यान व अवधान का फ़ोकस अपने भीतर रखिए। भावना की ऊर्जा को अनुभव कीजिए। अगर वहां कोई भावना न दिखाई दे तो अपने अवधान को और गहरे में ले जाइए, अपने शरीर के भीतरी ऊर्जा के क्षेत्र में ले जाइए। *बीइंग* में प्रवेश करने का द्वार वही है।

अध्याय दो

भय का उद्भव

मनोवैज्ञानिक भय की अनुभूति किसी भी साक्षात, प्रत्यक्ष और वास्तविक खतरे की अनुभूति से बिल्कुल भिन्न चीज़ है। यह तरह-तरह के रूपों में हुआ करती है, जैसे बेचैनी, चिंता, व्यग्रता, घबराहट, तनाव, आशंका, बिना बात का कोई अनजाना डर, इत्यादि। इस प्रकार का यह मनोवैज्ञानिक भय हमेशा ही किसी ऐसी बात का होता है कि *कहीं ऐसा न हो जाए,* न कि किसी ऐसी बात का जो कि ठीक हमारे सामने ही मौजूद हो। इस भय की अवस्था में, *आप* तो यहीं होते हैं लेकिन आपका मन कहीं भविष्य में पहुंच गया होता है। आपके मन की यह अवस्था ही व्यग्रता की, आशंका की एक खाई बना देती है। और, ऐसे में अगर आप अपने मन के साथ खुद को एकाकार बनाए रखते हैं और 'अब' की, वर्तमान की, शक्ति व सहजता के साथ अपना संपर्क खो बैठते हैं तो व्यग्रता की यह खाई आपके संग-संग रहने लगती रहती है। किसी प्रत्यक्ष विद्यमान स्थिति के साथ अच्छी तरह निपटने में तो आप हमेशा ही सफल हो सकते हैं, लेकिन किसी ऐसी स्थिति के साथ निपटने में आप कभी भी सफल नहीं हो सकते जिसे कि आपके मन ने ही गढ़ लिया हो – भविष्य के साथ निपटने में आप सफल नहीं हो सकते।

एक बात और, जब आप खुद को अपने मन के साथ तादात्म्य किए रखते हैं, यानी उसके साथ एकाकार व एकजान बने रहते हैं, उस समय

आपका अहं ही आपके जीवन की गाड़ी को चला रहा होता है। अपने पैशाचिक स्वभाव के कारण, और अपने रक्षा-तंत्र के प्रति हमेशा चाक-चौबंद रहने के बावजूद, अहं को हमेशा यही डर लगा रहता है कि उसे ख़तरा है, कि वह असुरक्षित है। यह बात उस समय भी लागू होती है कि जब अहं बाहर से बड़ा आश्वस्त और विश्वस्त दिखाई दे रहा होता है। तो, यह बात याद रखिए कि आपकी हर भावुकता आपके मन के प्रति होने वाली एक शारीरिक प्रतिक्रिया ही होती है। वह कौन सा संदेश है, कौन सा संकेत है जो कि आपके अहं की तरफ़ से, आपके मन द्वारा रचित अपनी मिथ्या छवि की तरफ़ से, आपके शरीर को लगातार मिलता रहता है? – ख़तरा, मैं ख़तरे में हूं। और, लगातार मिल रहा यह संदेश व संकेत कौन सा मनोभाव पैदा करता रहता है? – भय, और क्या!

मनोवैज्ञानिक भय होने के कई कारण हो सकते हैं। कोई नुकसान होने का डर, असफल हो जाने का डर, आहत हो जाने का व ठेस लग जाने का डर, वगैरह, वगैरह; लेकिन जितने भी डर हैं वे सभी अंततः अहं की अपनी ही मौत का, उसके अपने ही सर्वनाश का डर साबित होते हैं। अहं को तो अपनी मौत बस अगले ही मोड़ पर खड़ी हुई लगा करती है। और फिर, आपके द्वारा ऐसे मन के साथ कर ली गई तादात्म्यता की अवस्था में, मौत का डर आपके जीवन के हर पहलू को प्रभावित करने लगता है।

उदाहरण के लिए, किसी बहस में खुद को सही और दूसरे को ग़लत साबित करने की ज़रूरत आपको प्रबल रूप से महसूस हुआ करती है और इसे एक आम व साधारण सी बात माना जाता है, लेकिन अपने मन द्वारा बना ली गई जिस छवि के साथ आपने खुद को तादात्म्य कर रखा है, उसका हर संभव बचाव करना – यह भी तो मौत के एक भय के कारण ही किया जाता है। यानी, जब आप अपने मन की बनी किसी छवि के साथ खुद को एकात्म कर लेते हैं, उसके साथ एकाकार व एकजान हो जाते हैं, और फिर किसी बात में जब आप ग़लत साबित होने लगते हैं, तब आपके मन में बैठी हुई अहं की भावना को ही तो अपनी मौत का ख़तरा महसूस होने लगने लगता है। इसीलिए तो अहं रूपी 'मैं' को ग़लत

सिद्ध किया जाना आप कभी भी बरदाश्त नहीं कर पाते हैं। आपको लगता है कि अगर आप ग़लत सिद्ध हो गए तो जैसे आप मर जायेंगे। इसी कारण से तो सारी लड़ाइयां होती आई हैं, युद्ध इसी कारण से होते आए हैं, और इस कारण से ही न जाने कितने संबंध भी टूटते आए हैं।

लेकिन, जब आप अपने मन के साथ अपना तादात्म्य तोड़ डालते हैं, फिर आपके आत्मभाव को इस बात से कोई फ़र्क़ नहीं पड़ता है कि आपको सही सिद्ध किया जा रहा है या ग़लत, और इसलिए तब स्वयं को सही सिद्ध करने की आपके अचेतन मन की एक गहरी और जबरदस्त ज़रूरत – जो कि हिंसा का ही एक रूप होती है – आप में रहती ही नहीं है। हां, तब आप स्पष्टता से और दृढ़ता से दूसरों को यह तो बता सकेंगे कि आपको क्या लग रहा है या आपका विचार क्या है, लेकिन ऐसा करते हुए आपमें न तो कोई आक्रामकता होगी और न ही आप अपने बचाव की किसी मुद्रा में होंगे। तब आपका आत्मभाव आपके भीतर कहीं अधिक गहरे से, कहीं अधिक सच्चे स्थान से आ रहा होगा, आपके मन से नहीं।

अपने भीतर मौजूद खुद का बचाव करने वाले अपने किसी भाव पर ज़रा ग़ौर तो कीजिए। यह तो देखिए कि आप बचा किसे रहे हैं? अपने एक आभासी, एक भ्रामक विशिष्ट भाव को, अपने मन में बनी एक छवि को, अपने एक अवास्तविक स्वरूप को? किसे बचा रहे हैं आप? अपने इस ढर्रे के प्रति सजग-सचेत हो जाने से, इसका द्रष्टा व अवलोनकर्ता बन जाने से, आप उसके साथ बनी हुई अपनी तादत्म्यता से छूट जाते हैं। आपकी इस चैतन्यता के प्रकाश में अचेतन मन के कारगुज़ारियों को नौ दो ग्यारह होने में तब देर नहीं लगती है।

तब अपना बचाव करने की उस तमाम वाद-विवाद का और शक्ति-प्रदर्शन का पटाक्षेप हो जाता है जो कि आपके संबंधों को धीरे-धीरे लीलता जा रहा था। दूसरों पर अपना शक्ति-प्रदर्शन करना, दरअसल, एक कमज़ोरी ही होती है जिसे कि हम शक्ति मान बैठे हैं। आपकी सच्ची और वास्तविक शक्ति तो आपकी भीतरी शक्ति है, और वह आपको इसी पल उपलब्ध है।

हमारा मन हमेशा ही 'अब' को नकारने, उसे अस्वीकार करने और उससे बच निकलने की कोशिश में रहा करता है। दूसरे शब्दों में, आप अपने मन के साथ खुद को जितना तादात्म्य करते जायेंगे, उसके साथ जितना एकाकार व एकजान होते जायेंगे, आपके दुख उतने ही बढ़ते जायेंगे। या, इस बात को उलट कर यूं कहा जा सकता हैः आप 'अब' की जितनी अधिक क़द्र करने लगेंगे, उसे जितना अधिक स्वीकार करने लगेंगे, उतना ही अधिक आप अपने दुख से मुक्त होते चले जायेंगे – और, इस तरह, अपने अहंकारग्रस्त मन से भी मुक्त होते जायेंगे।

अगर आप खुद के लिए भी व औरों के लिए भी, अब और दुख पैदा करना नहीं चाहते हैं, और अपने अंदर पल रहे पहले के बाकी बचे दुख में अब और दुख जोड़ना नहीं चाहते हैं, तो अब और समय की रचना करना आप बंद कर दीजिए, या कम से कम इतना तो आप कर ही सकते हैं कि अपने जीवन के व्यावहारिक कामकाज के लिए जितना ज़रूरी हो उससे ज़्यादा समय की रचना करना अब आप बंद कर दें। समय की रचना बंद कैसे की जाए?

अपने अंदर गहराई तक आप यह महसूस कीजिए कि आपके पास बस यही एक पल है। इस 'अब' पर ही अपने जीवन का प्रमुख फ़ोकस बनाए रखिए।

जहां, अभी तक आप समय में, यानी अतीत में या भविष्य में रहते आए हैं और 'अब' में यानी वर्तमान में केवल कभी-कभी और वह भी केवल एक छोटा सा दौरा किया करते हैं, वहीं अब आप 'अब' में ही रहना शुरू कीजिए और अतीत में या भविष्य में कोई छोटा-मोटा दौरा करने ही जाया कीजिए, और वह भी केवल तब जब आपके जीवन के किसी व्यावहारिक कामकाज के लिए ऐसा करना ज़रूरी ही हो जाए।

वर्तमान पल का हमेशा स्वागत कीजिए, उसे स्वीकार कीजिए।

समय के भ्रम का अंत कर दीजिए

इसके लिए सूत्र है: समय के भ्रम को तोड़ दीजिए। समय और मन हमेशा ही गलबहियां डाले साथ-साथ चला करते हैं। मन से समय को अलग कर दीजिए तो वह अवश्य ही थम जायेगा – तब तक जब तक कि आप ही कभी उसका उपयोग करना न चाहें।

अपने मन के साथ तादात्म्य करना, उसके साथ एकाकार व एकजान हो जाना, यह तो समय के जाल में फंस जाना है, केवल यादों और उम्मीदों में जीने को बाध्य हो जाना है। ऐसा करना आपमें अनंत रूप से अतीत और भविष्य में उलझे रहने के प्रति रुचि पैदा कर देता है, ऐसा करना आपमें वर्तमान पल का सम्मान करने व स्वीकार करने के प्रति, *उसे होने देने* के प्रति अरूचि पैदा करता है। यह बाध्यता इसलिए पैदा होती है क्योंकि अतीत तो आपको एक पहचान दे रहा होता है और भविष्य, किसी भी रूप में, उद्धार, मुक्ति और उपलब्धि का वादा कर रहा होता है। लेकिन, ये दोनों ही मरीचिकाएं हैं, मृगतृष्णाएं हैं।

जितना अधिक फ़ोकस आप समय पर – अतीत और भविष्य पर – रखेंगे, उतना ही अधिक आप 'अब' से वंचित रहेंगे – जब कि 'अब' सर्वाधिक मूल्यवान और महत्वपूर्ण चीज़ है।

यह वर्तमान, यानी 'अब', सबसे मूल्यवान व महत्वपूर्ण क्यों है? पहला कारण: क्योंकि *केवल* यही है। जो भी है बस यही है। यह शाश्वत वर्तमान वह आकाश है, वह एकमात्र उपलब्ध रिक्त स्थान है जिसके अंदर आपका पूरा जीवन खुलता जाता है, यह वह एक तथ्य जो कि सतत रूप से विद्यमान रहता है। ऐसा कभी नहीं हुआ है कि आपका जीवन 'अब' में न रहा हो, और न ही कभी ऐसा होगा कि वह 'अब' में न रहे।

दूसरा कारण: यह 'अब' का ऐसा एकमात्र बिंदु है जो कि आपको मन के तंग कारागार के पार ले जा सकता है। यही एकमात्र वह बिंदु है जहां आप *बीइंग* के कालपिरपेक्ष और निराकार प्रदेश में पहुंच सकते हैं।

क्या आपने 'अब' से बाहर कभी कुछ अनुभव किया है, क्या 'अब' से बाहर कभी कुछ किया है, कभी कुछ सोचा है, या कुछ भी महसूस

किया है? क्या आपको लगता है कि ऐसा कभी आप कर पायेंगे? 'अब' से बाहर कुछ भी घटना, या *होना*, क्या संभव है? ज़ाहिर है कि इसका उत्तर स्पष्ट है 'ना', है न?

कुछ भी अतीत में नहीं हुआ, जो हुआ है वह 'अब' में ही हुआ है।

कुछ भी भविष्य में नहीं होगा, जो होगा वह 'अब' में ही होगा।

जो कुछ मैं यहां कह रहा हूं उसका सारतत्व मन द्वारा नहीं समझा जा सकता। लेकिन, ज्यों ही आप इसे समझ लेंगे त्यों ही आपकी चेतना मन से हट कर *बीइंग* में चली जायेगी, समय – यानी, अतीत व भविष्य – से हट कर वर्तमान में, विद्यमान में चली आयेगी। फिर, अचानक ही हर चीज़ जीवंत महसूस होगी, ऊर्जा प्रसारित करने लगेगी, *बीइंग* को अभिव्यक्त करने लगेगी।

अध्याय तीन

'अब' में प्रवेश करना

कालनिरपेक्षता वाले – यानी, अतीत व भविष्य से संबद्ध न रहने वाले – आयाम में एक अलग ही तरह का बोध आता है – एक ऐसा बोध जो किसी भी जीव या वस्तु के अंदर बसने वाले प्राण की "हत्या" नहीं करता है, एक ऐसा बोध जो जीवन की पवित्रता व रहस्य को नष्ट नहीं करता है, बल्कि उसमें जो *है* के प्रति एक गहरा स्नेह व सम्मान रखता है, एक ऐसा बोध जिसके बारे में मन तो कुछ जानता तक नहीं है।

तोड़ डालिए वर्तमान को नकारने वाले, वर्तमान का विरोधी-प्रतिरोधी बने रहने वाले अपने पुराने ढर्रे को। अपना स्वभाव ऐसा बना लीजिए कि जब-जब भूत और भविष्य में जाना आवश्यक न हो तब-तब आप खुद को उनसे बाहर निकाल लें और बाहर ही रखें। अपने दिन-प्रतिदिन के जीवन में भी जितना संभव हो सके, समय में प्रवेश करने से बचें।

अगर 'अब' में सीधे-सीधे प्रवेश करना आपको मुश्किल लगे तो आप अपने मन की इस स्वभावगत आदत को ध्यान से देखना आरंभ करें, उसका अवलोकन करना आरंभ करें कि किस तरह आपका मन 'अब' से बच निकलना और उससे दूर भागना चाह रहा होता है। आप देखेंगे कि भविष्य की काल्पनिक तस्वीर

वर्तमान के मुकाबले या तो बेहतर बनाई जा रही होती है या बदतर। यदि कल्पना किया गया भविष्य बेहतर है तो वह आपको एक आशा, एक सुखद प्रत्याशा प्रदान करता है। और, अगर वह बदतर है तो वह आपमें व्यग्रता व चिंता पैदा कर देता है। ये दोनों ही स्थितियां केवल भ्रम हैं, केवल भ्रांति हैं।

आत्म-अवलोकन करने से आपके जीवन में अधिक उपस्थितता, अधिक विद्यमानता, यानी अधिक सजगता स्वयमेव चली आती है। जिस पल आपको बोध हो कि आप उपस्थित नहीं हैं, तब आप उपस्थित ही तो हैं। जब कभी भी आप अपने मन का अवलोकन करने की अवस्था में होते हैं, तब आप उसके जाल में नहीं फंसते हैं। इस बात का एक और तथ्य भी सामने आया है – लेकिन वह भी मन का नहीं है: वर्तमान का प्रत्यक्षदर्शी बने रहना।

अपने मन के अवलोकनकर्ता के रूप में, द्रष्टा के रूप में, उपस्थित रहिए – अपने विचारों के, अपनी भावनाओं के और साथ ही भिन्न-भिन्न स्थितियों में अपनी प्रतिक्रियाओं के अवलोकनकर्ता के रूप में।

इस पर भी ध्यान दीजिए कि आपका ध्यान कितनी बार अतीत में या भविष्य में जाता है। जो कुछ आप देखें उसका निष्कर्ष मत निकालिए, उसका विश्लेषण भी मत कीजिए। अपने विचार को ध्यान से देखिए, अपनी भावना को महसूस कीजिए, अपनी प्रतिक्रिया का अवलोकन कीजिए। उसे अपनी निजी समस्या मत बना लीजिए। तब, जिन चीज़ों का आप अवलोकन कर रहे हैं उनकी अपेक्षा – यानी, अपने मन में भरी हुई तमाम चीज़ों की अपेक्षा, आप स्वयं अपनी शांत एवं अवलोकन करती विद्यमानता को, अपने मौन द्रष्टा को कहीं अधिक सबल महसूस करेंगे।

जब कोई स्थिति एक प्रबल भावनात्मक आवेग के साथ आपकी प्रतिक्रिया को भड़का देती है – जैसे, जब आपकी अपनी छवि ख़तरे में पड़ रही हो, या आपको ऐसा भय को पैदा करने वाली कोई चुनौती आपके जीवन में आ गई हो, या आपको ऐसा लग रहा हो कि सब कुछ "ग़लत हो रहा है", या आपके अतीत की कोई भावनात्मक मनोग्रंथी जाग उठी हो – तब आपको अत्यंत सचेत *प्रेज़ैंस* की आवश्यकता होती है, क्योंकि ऐसे प्रसंगों में, आपकी प्रवृत्ति "अचैतन्य" होने की हो जाया करती है। ऐसे में, आपकी प्रतिक्रिया या भावुकता आप पर हावी हो जाती है – बल्कि आप वही *बन जाते हैं*। प्रकट रूप में आप वैसा ही करने लगते हैं, जैसे आप खुद को सही ठहराने लगते हैं, ग़लतियां करने लगते हैं, आक्रामक हो जाते हैं, अपना बचाव करने लगते हैं – इन प्रतिक्रियाओं के अलावा आप कुछ और नहीं रह जाते। आपका यह रवैया प्रतिक्रिया वाला होता है, यानी आपका मन आदतन अपने अस्तित्व को बचाने की मुद्रा में आ जाता है।

मन के साथ खुद को एकात्म कर लेना इस अवस्था को और भी हवा दे देता है। लेकिन, अपने मन का अवलोकन करना इस अवस्था की हवा निकाल देता है। अपने मन के साथ एकात्म करना समय को, यानी अतीत व भविष्य को, ही विस्तार देता है; जब कि अपने मन का अवलोकन करना समय-निरपेक्ष अवस्था वाले आयाम खोल देता है। वह ऊर्जा, वह शक्ति जो मन से हटा कर बाहर निकाल ली गई होती है, वह *प्रेजैंस* में, यानी सजगता में, बदल जाती है। एक बार जब आप यह अनुभूत कर लेते हैं कि वर्तमान में उपस्थित रहने का, वर्तमान में विद्यमान रहने का – यानी, *प्रेजैंस* का – अर्थ क्या होता है, तब आपके लिए यह बहुत सरल हो जाता है कि जब भी आपको किसी व्यावहारिक प्रयोजन से समय में जाने की आवश्यकता न हो तब आप सहज रूप से समय के आयाम से बाहर निकल आएं ताकि आप 'अब' में गहरे उतर सकें।

ऐसा करने से समय को – यानी अतीत या भविष्य को – व्यावहारिक कामकाज के लिए प्रयोग करने की आपकी क्षमता में कोई कमी नहीं आती है, और न ही अपने मन का प्रयोग करने की आपकी क्षमता में कोई

कमी आती है। वास्तविकता तो यह है कि इससे इन क्षमाओं में वृद्धि ही होती है। फिर, जब कभी आप अपने मन का प्रयोग कर रहे होंगे तब आप पायेंगे कि वह अधिक कुशाग्र और अधिक एकाग्र हो गया है।

एन्लाइटेन्ड व्यक्तियों के ध्यान का मुख्य फ़ोकस हमेशा 'अब' पर रहा करता है, लेकिन फिर भी, एक हद तक, वे समय से अवगत रहते हैं। दूसरे शब्दों में, वे घड़ी वाले समय का इस्तेमाल तो करते हैं लेकिन मानसिक समय से, यानी मन वाले समय से, वे सदा मुक्त रहते हैं, वे उसके चंगुल में नहीं फंसते हैं।

मानसिक समय को करिए अलविदा

जीवन के व्यावहारिक पहलू के लिए समय का इस्तेमाल करना सीखिए – इसे आप "घड़ी वाला" समय कह सकते हैं – लेकिन जब इसका व्यावहारिक प्रयोजन पूरा हो जाए तो तुरंत अपने वर्तमान-पल की सजगता में लौट आइए। इस तरह, किसी "मानसिक समय" का सृजन नहीं होगा, यानी अतीत से जुड़े रहने और भविष्य की कल्पना करते रहने का लगातार और आदत वाला चक्र चलना शुरू नहीं होगा।

जब आप अपने लिए कोई लक्ष्य निर्धारित करते हैं और उसके लिए काम करते हैं तब आप घड़ी वाले समय को इस्तेमाल कर रहे होते हैं। आप जानते हैं कि आपको कहां जाना है, कहां पहुंचना है, फिर भी आप वर्तमान में उठाए जा रहे अपने हर कदम को पूरा सम्मान, पूरा ध्यान दें। लेकिन, जब आप अपने भावी लक्ष्य पर ही आवश्यकता से अधिक अपना ध्यान केंद्रित कर देते हैं – शायद इसलिए कि आप उसमें सुख, उपलब्धि या अहं की तुष्टि चाह रहे होते हैं – तब आप 'अब' को सम्मान व ध्यान देना बंद कर देते हैं। ऐसे में 'अब' भविष्य तक पहुंचने के लिए कदम उठाते जाने का एक जरिया मात्र बन कर रह जाता है, जिसका कोई तात्विक महत्व नहीं होता। घड़ी वाला समय तब मन के समय में तब्दील हो जाता है। आपकी जीवन यात्रा तब एक साहसिक उमंग यात्रा

न हो कर केवल एक विचारग्रस्त तलब बन कर रह जाती है – कहीं पहुंचने की, कुछ पाने की, और कुछ पूरा करने की विचारग्रस्त तलब। फिर आप न तो यात्रापथ के इधर-उधर खिले फूलों को देखने या सूंघने का आनंद लेते हैं, और न ही जीवन के उस सौंदर्य का, उस अद्‌भुतता का आपको भान रहता है जो कि आपको अपने चारों तरफ़ तब खिला हुआ दीखा करता है जब आप 'अब' में उपस्थित रहा करते हैं।

क्या आप हमेशा ही जहां हैं वहां से अलग कहीं अन्यत्र होने की कोशिश में रहते हैं? जो कुछ भी आप *किया करते हैं* क्या वह प्रायः किसी मुकाम को पाने के साधन के रूप में किया करते है? क्या आपकी उपलब्धि बहुत दूर नहीं बल्कि आसपास ही रहा करती है, या वह अल्प-अवधि के सुख तक ही सीमित रहा करती है, जैसे सैक्स, खाना, पीना, ड्रग्स या रोमांच और उत्तेजना? क्या आपका फ़ोकस हमेशा ही कुछ बनने, कुछ हासिल करने, कुछ जीतने, कुछ प्राप्त करने या किसी नए रोमांच या सुख का पीछा करने पर ही रहा करता है? क्या आप मानते हैं कि आप जितनी अधिक चीज़ें अर्जित व एकत्रित करते जायेंगे, जितनी अधिक चीज़ों के मालिक बनते जायेंगे, आप उतने ही अधिक परिपूर्ण, बेहतर और मनोवैज्ञानिक रूप से पूर्ण होते जायेंगे? क्या आप किसी ऐसे पुरुष या ऐसी स्त्री की प्रतीक्षा में है जो आपकी ज़िंदगी को मायने दे सके?

आमतौर पर, मन के साथ एकात्म रहने वाली या आत्मज्ञान से वंचित वाली चेतना की अवस्था में ही 'अब' में वास करने वाली शक्ति को और उसकी असीम सृजन क्षमता को मानसिक समय द्वारा पूरी तरह धूमिल व निस्तेज कर दिया जाता है। तब, आपका जीवन अपना स्पंदन, अपनी ताज़गी, अपना अचरज का भाव खो देता है, और विचार, भावना, बर्ताव, प्रतिक्रिया और इच्छा का पुराना ढर्रा अपनी उद्देश्यहीन पुनरावृत्ति का तमाशा करता रहता है। आपके मन की लिखी हुई यह एक ऐसी स्क्रिप्ट होती है जो आपको एक ख़ास तरह की पहचान तो देती है लेकिन 'अब' की वास्तविकता को, उसके सत्य को या तो छिपा देती है या तोड़मरोड़ देती है। और तब, ऐसे असंतोषजनक वर्तमान से पलायन करने के लिए आपका मन भविष्य का दामन थाम लिया करता है।

भविष्य के रूप में आप जिसे देख रहे हैं वह वर्तमान की चेतना का ही तो एक अंतरंग भाग है। अगर आपका मन अतीत का बोझ उठाए-उठाए चल रहा है तो आपको वह बोझ बढ़ता हुआ ही लगेगा। वर्तमान के अभाव में अतीत खुद की निरंतरता बनाए रखता है। वर्तमान में चैतन्य रहने की आपकी जैसी अवस्था होगी, वैसा ही आपके भविष्य का स्वरूप होगा – जो कि, वास्तव में 'अब' के रूप में ही अनुभूत किया जा सकता है।

यदि इस पल आपकी चेतना का यही वह गुणधर्म है जो कि भविष्य को निर्धारित करता है, तो फिर वह क्या है जो आपकी चेतना के गुणधर्म को निर्धारित करता है? – वह है आपकी *प्रेजैंस* की, आपकी उपस्थिति की, आपकी सजगता की मात्रा। इसलिए, एकमात्र वह स्थान जहां असल परिवर्तन हो सकता है और जहां अतीत का अंत हो सकता है, वह है 'अब'।

शायद इस बात को पहचानना मुश्किल हो कि समय ही आपके दुखों का, आपकी समस्याओं का कारण है, क्योंकि आपको तो यही लगता है कि आपके दुख, आपकी समस्याएं तो आपके जीवन की किन्हीं ख़ास परिस्थितियों के कारण ही होती हैं, और उन्हें इसी परंपरागत दृष्टिकोण से ही देखा जाता है, यह सच है। लेकिन, जब तक आप इसकी असली जड़ को, यानी समस्या-निर्माता अपने मन की गड़बड़ को – अतीत और भविष्य के प्रति इसकी आसक्ति को और 'अब' के प्रति इसकी अरुचि को – नहीं देखेंगे, नहीं समझेंगे, तब वे ही समस्याएं बारी-बारी से आती ही रहेंगी।

आपकी सारी समस्याओं को या आपके दुख के दीखते कारणों को या आपकी अप्रसन्नताओं को, अगर किसी जादू से दूर कर भी दिया जाए, तो भी अगर आप वर्तमान में पर्याप्त रूप से उपस्थित रहना शुरू न करें, तो वह दिन दूर नहीं होगा जब आप खुद को समस्याओं के वैसे ही गिरोह के बीच, दुखों के वैसे ही कारणों के बीच दोबारा घिरे पायेंगे जो कि आपकी छाया की तरह आपके साथ-साथ चला करते हैं। आख़िर, समस्या केवल एक ही है: खुद को समय के साथ बांध लेने वाला आपका यह मन।

समय में – अतीत या भविष्य में – कोई मुक्ति नहीं होती, कोई उद्धार नहीं होता। आप भविष्य में स्वतंत्र नहीं हो सकते।

स्वतंत्र होने की कुंजी है केवल वर्तमान, आप केवल 'अब' में ही स्वतंत्र हो सकते हैं।

अपनी जीवन-परिस्थितियों के तले जीवन की तलाश करना

आप जिसे अपना "जीवन" कह रहे हैं, उसे "जीवन की एक परिस्थिति" कहना अधिक उचित होगा। यह तो मानसिक समय है: भूत और भविष्य। अतीत में, कुछ बातें जिस तरह हुई हैं, आप नहीं चाहते थे कि वे उस तरह हों। अतीत में जो कुछ भी हुआ उसका विरोध-प्रतिरोध आप अभी भी कर रहे हैं, और अब आप उसका विरोध-प्रतिरोध कर रहे हैं जो *है*। आशा वह चीज़ है जो आपको चलाती रहती है, लेकिन आशा आपके फ़ोकस को भविष्य पर केंद्रित रखती है, और ऐसा निरंतर फ़ोकस 'अब' के प्रति आपकी अस्वीकृति को स्थाई बनाए रखता है, और इस तरह आपके दुख को भी।

भूल जाइए अपनी जीवन–परिस्थिति को कुछ देर के लिए और अपने जीवन पर अपना ध्यान केंद्रित कीजिए।

आपकी जीवन-परिस्थिति का वजूद तो समय में रहा करता है।

जब कि आपका जीवन तो 'अब' है।

आपकी जीवन-परिस्थिति आपके मन का मामला है।

जब कि आपका जीवन तो वास्तविकता है।

खोजिए उस "संकरे द्वार को जो जीवन की ओर ले जाता है"। उसे 'अब' कहते हैं। अपने जीवन को समेट कर इस पल में ले आइए। आपकी जीवन-परिस्थिति समस्याओं से भरी हो

सकती है – अधिकांश जीवन-परिस्थितियां ऐसी ही होती हैं – लेकिन यह तो देखिए कि क्या इस वर्तमान पल में कोई समस्या है? आने वाले कल में नहीं, और न ही दस मिनट बाद में, बल्कि अब के प्रत्यक्ष पल में। क्या आपको 'अब' में कोई समस्या है?

जब आप समस्याओं से भरे होते हैं तब कुछ भी नया प्रवेश नहीं कर पाता है, समाधान तक की जगह नहीं बचती है। इसलिए, जब भी आप कर सकें, कुछ जगह बनाएं, थोड़ा खाली स्थान बनाएं, ताकि जीवन-परिस्थितियों के तले आप जीवन को पा सकें।

इस्तेमाल कीजिए अपनी ज्ञानेंद्रियों को पूरी तरह। जहां हैं वहीं विद्यमान रहिए। चारो तरफ़ देखिए। केवल देखिए, विश्लेषण मत कीजिए – प्रकाश को, आकृतियों को, रंगों को, बनावट को। हर चीज़ की मौन उपस्थिति से अवगत रहिए। उस खाली स्थान से अवगत रहिए जो चीज़ों को होने देता है।

आवाज़ों को ध्यान से सुनिए, उन पर विचार-विवेचन मत कीजिए। आवाज़ों के नीचे-नीचे रहने वाली ख़ामोशी को सुनिए।

किसी चीज़ को छूईए – किसी भी चीज़ को – उसे और उसके होने को महसूस कीजिए।

अपनी आती-जाती सांसों की ताल पर ध्यान दीजिए, हवा का अंदर आना और बाहर जाना महसूस कीजिए, इस जीवन शक्ति को अपने शरीर के भीतर महसूस कीजिए। हर चीज़ को होने दीजिए, भीतर भी और बाहर भी। सभी चीज़ों के "होने-पन" को वैसा ही रहने दीजिए। 'अब' में गहरे उतरिए।

तब, समय की मानसिक काल्पनिकताओं वाले अचेतकर्ता संसार को आप पीछे छोड़ते चले जायेंगे। तब आप उस विक्षिप्त मन से बाहर निकल कर आ रहे होंगे जो कि आपकी जीवन ऊर्जा को सोख लिया करता है

– बिल्कुल वैसे ही जैसे इस धरती को वह धीरे-धीरे विषाक्त और विनष्ट कर रहा है। तब आप समय के स्वप्नलोक से जाग कर वर्तमान में आंखें खोल रहे होंगे।

सारी समस्याएं मन की ही भ्रांतियां हैं

'अब' पर अपने ध्यान को फ़ोकस कीजिए और मुझे बताइए कि इस पल आपकी समस्या क्या है।

मुझे कोई उत्तर नहीं मिल रहा है क्योंकि जब आपके ध्यान का फ़ोकस पूरी तरह 'अब' में हो तब किसी समस्या को होना संभव ही नहीं है। हां, कोई स्थिति अवश्य हो सकती है जिसे या तो सुलझाया जाना होता है या स्वीकार किया जाना होता है। उसे समस्या क्यों बनाया जाए?

आपका मन तभी समस्याओं को तब गले लगाया करता है जब वह चैतन्य नहीं होता बल्कि बेखुदी और बेसुधी में होता है, क्योंकि तब समस्याएं आपको एक प्रकार की पहचान दे रही होती हैं। यह एक आम बात है, लेकिन यह पागलपन है। "समस्या" का मतलब यह है कि आप किसी स्थिति पर मानसिक रूप से डेरा डाल कर बैठ गए हैं जिसमें कि अभी कोई कदम उठाने का न कोई आपका सच्चा इरादा है, और शायद न ही कोई संभावना है, और यह भी कि अनजाने में ही आप उस समस्या को अपने अहं का एक हिस्सा बना रहे हैं। अपनी जीवन-स्थिति से आप इतने आक्रांत हो गए होते हैं कि तब आप जीवन की, *बीइंग* की अपनी चेतना ही खो बैठते हैं। या, आप अपने मन में ऐसी सैंकड़ों बातों का पागलपन वाला बोझ लेकर घूम रहे होते हैं जिन्हें कि आपको भविष्य में करना होगा या करना पड़ेगा, बजाय इसके कि आप अपने ध्यान का फ़ोकस उस एक बात पर रखें जिसे कि आप अभी *कर सकते हैं*।

जब भी आप कोई समस्या पैदा करते हैं, तब आप दुख ही पैदा कर रहे होते हैं। इसके लिए आपके सामने एक सीधा-सरल चुनाव यह है: कुछ भी हो जाए, मैं अपने लिए कोई और दुख पैदा नहीं करूंगा, कोई और समस्या पैदा नहीं करूंगा।

हालांकि यह एक सामान्य सा चुनाव है किंतु यह एक बड़ा परिवर्तनकारी चुनाव है। लेकिन, आप यह चुनाव तब तक नहीं कर सकते जब तक कि आप दुख से वाक़ई ऊब न गए हों, उकता न गए हों, जब तक कि आपको दुख थोक में न मिल गया हो। और, आप इस चुनाव को तब तक पूरा नहीं कर सकते जब तक कि आप 'अब' की, वर्तमान की शक्ति को हासिल नहीं कर लेते। जब आप अपने लिए कोई दुख पैदा नहीं करते हैं, तब आप औरों के लिए भी कोई दुख पैदा नहीं करते हैं। और तब, न तो आप इस सुंदर धरती को, न अपने भीतरी आकाश को और न ही सामूहिक मानवीय मानस को समस्या गढ़ने वाली अपनी नकारत्मकता से दूषित करते हैं।

अगर कोई ऐसी स्थिति पैदा होती है जिसे कि अब के साथ निपटाए जाने की आवश्यकता है तो आपकी क्रिया, आपकी चेष्टा बिल्कुल स्पष्ट और विवेकसंपन्न होगी – बशर्ते कि वह वर्तमान पल की सजगता में से पैदा हुई हो। साथ ही, वह प्रभावी भी होगी। वह आपके मन की पूर्व संस्कारग्रस्तता से उपजी हुई कोई प्रतिक्रिया नहीं होगी, बल्कि वह तो स्थिति के प्रति सहजबोध वाली अनुक्रिया होगी। अन्य मामलों में, समय से बंधा मन अगर प्रतिक्रिया करे, तो आप देखेंगे कि कुछ न करना – यानी, केवल 'अब' में ठहरे रहना – ही अधिक कारगर साबित होता है।

बीइंग का आनंद

खुद को इस बात के प्रति सचेत व सावधान रखने के लिए कि आपने मानसिक समय को अपने आप पर हावी होने दिया है, आप एक सीधे-सरल सिद्धांत का प्रयोग कर सकते हैं।

खुद से यह पूछिए: जो कुछ भी मैं कर रहा हूं, क्या उसमें संतोषप्रद आनंद, सहजता और हल्कापन है? यदि ऐसा नहीं है तो समझ लीजिए कि समय – यानी भूत और भविष्य – वर्तमान को ढांप रहा है और जीवन एक बोझ या संघर्ष जैसा दीख रहा है।

जो कुछ भी आप कर रहे हैं, उसमें अगर संतोषप्रद आनंद, सहजता और हलकापन नहीं है तो इसका अर्थ यह नहीं है कि *जो* आप कर रहे हैं उसे बदलने की आवश्यकता है, बल्कि यह है कि उसे *जिस तरह* आप कर रहे हैं वह बदलना ही काफ़ी होगा। *क्या* की तुलना में *कैसे* अधिक महत्व रखता है। देखिए कि आपका ध्यान कर्म पर अधिक है या *कर्मफल* पर अधिक है। वर्तमान पल जो कुछ आपको प्रस्तुत कर रहा है, उस पर अपना पूरा-पूरा ध्यान दीजिए। इसका अर्थ यह है कि आप *जो है* को पूरी तरह स्वीकार कर रहे हैं, क्योंकि ऐसा नहीं हो सकता कि आप किसी चीज़ पर अपना पूरा-पूरा ध्यान भी दे रहे हों और साथ ही उसका प्रतिरोध भी कर रहे हों।

जब आप वर्तमान पल को सम्मान देने लगेंगे, उसे तवज्जो देने लगेंगे, तब आपके सारे दुख, सारी कशमश, सारी छटपटाहट विलुप्त होने लगेगी, और जीवन का प्रवाह संतोषप्रद आनंद और सहजता के साथ होने लगेगा। जब आप वर्तमान पल के प्रति सजग रहते हुए कर्म करते हैं, तब आप कुछ भी करें वह हमेशा ही गुणवत्ता, ग़ौर, और प्रेम में पगा होता है – भले ही वह कोई बिल्कुल मामूली सा काम हो।

> **कर्मफल के लिए उद्विग्न बिल्कुल न हों,** केवल अपने कर्म पर अपना ध्यान रखें। कर्मफल आपको स्वयं प्राप्त होगा। यह एक बहुत ही सशक्त आध्यात्मिक अभ्यास है।

'अब' से दूर रह कर जद्दोजहद करने वाली लत जब आपमें नहीं रहती, तब आपके हर कर्म में *बीइंग* का संतोषप्रद आनंद प्रवेश करने लगता है। जब आपका ध्यान 'अब' के प्रति रहने लगता है तब आप एक विद्यमानता, एक निश्चलता, एक शांतता का अनुभव करने लगते हैं। तब आप परिपूर्णता और संतुष्टि के वास्ते भविष्य के सहारे जीना बंद कर देते हैं – मुक्ति के लिए तब आप भविष्य का मुंह ताकना बंद कर देते हैं। और इसलिए, कर्मफल के प्रति तब आप आसक्त नहीं रहते हैं। *बीइंग* की आपकी भीतरी अवस्था को तब न कोई सफलता प्रभावित कर पाती है और न ही कोई विफलता। अपनी जीवन-परिस्थितियों के तले तब आपने जीवन तलाश लिया होता है।

मानसिक समय के लोप होने पर, अपने आत्म का भाव आपको *बीइंग* से प्राप्त हो रहा होता है, न कि आपके व्यक्तिगत अतीत से। इसलिए, जो आप हैं उससे इतर कुछ और बनने की मनोवैज्ञानिक भूख तब आपमें रह ही नहीं जाती है। और तब, अपने सांसारिक जीवन में, अपनी जीवन-परिस्थितियों के स्तर पर, भले ही आप वाक़ई धनी, ज्ञानी और सफल व्यक्ति बन जाएं, इस या उस से मुक्त हो जाएं, तो भी *बीइंग* की गहराई में तो अब आप पूर्ण रहते हैं, संपूर्ण रहते हैं।

समय में न भटकने वाली मन की अवस्था

जब आपके शरीर का एक-एक कोशाणु इस क़दर उपस्थित रहता है कि वह जीवन के साथ-साथ स्पंदित होता हो, और जब आप यह महसूस कर सकते हों कि जीवन हर पल *बीइंग* का उल्लास है, तब यह कहा जा सकता है कि आप समय से मुक्त हो गए हैं। समय से मुक्त होने का

अर्थ है – अपनी पहचान के लिए अतीत की, और अपनी परिपूर्णता के लिए भविष्य की, मनोवैज्ञानिक आवश्यकता से मुक्त हो जाना। यह चैतन्यता के इतने गहन रूपांतरण का द्योतक है जितनी कि आप कल्पना कर सकते हैं।

जब आपको चैतन्यता की कालनिरपेक्ष अवस्था की शुरुआती झलक मिलने लगती हैं, तब समय, यानी अतीत तथा भविष्य में चले जाने और वर्तमान में उपस्थित रहने की स्थितियों के बीच आपका आना-जाना शुरू हो जाता है। आप सबसे पहले तो इस बात से अवगत हो जाते है कि 'अब' में आपका ध्यान वाक़ई कितना कम रहा करता है। किंतु, यह *जानना* कि आप उपस्थित *नहीं* रहते हैं, यह भी एक बड़ी सफलता है, क्योंकि यह जानना ही *प्रेजैंस है* – भले ही शुरुआत में यह *प्रेजैंस* घड़ी वाले समय के अनुसार दो-चार पल ही ठहर पाती हो।

फिर, इसकी बढ़ती जाने वाली आवृत्ति के साथ, आप अपना फ़ोकस अतीत या भविष्य पर रखने के बजाय अपनी चैतन्यता का फ़ोकस वर्तमान पर रखने का *चयन* कर सकते हैं, और जब कभी भी आपको लगे कि 'अब' आपके हाथ से छूट रहा है तब आप उसमें ठहरे रहने के लिए सक्षम हो जाते हैं – दो-चार पलों के लिए नहीं, बल्कि इतनी लंबी अवधि के लिए कि वह घड़ी वाले समय से बाहरी तौर पर देखा भी जा सके।

इसलिए, इससे पहले कि आप चैतन्यता की अवस्था में दृढ़तापूर्वक स्थापित हों, यानी इससे पहले कि आप पूर्णतया चैतन्य हों, आप कुछ समय के लिए तो चैतन्यता और अचैतन्यता के बीच – वर्तमान में उपस्थित रहने की अवस्था और मन के साथ एकात्मता वाली अवस्था के बीच – थोड़ा-बहुत इधर-इधर होते ही रहेंगे। 'अब' आपसे कभी छूट भी जायेगा लेकिन आप बारंबार उसमें वापस भी आ सकेंगे। और अंततः, वर्तमान में विद्यमान रहना ही आपकी सबसे अधिक रहने वाली अवस्था बन जायेगी।

अध्याय चार

अचैतन्यता को भंग करना

यह बहुत ज़रूरी है कि अपने जीवन की सामान्य स्थितियों में आप तब भी अधिक चैतन्यता लाएं कि जब तुलानात्मक रूप से सब-कुछ सरल-सहज ही चल रहा हो। इस तरह, आपकी उपस्थित रहने की क्षमता बढ़ती जाती है। यह आपमें और आपके चारों ओर एक उच्च स्पंदनशील आवर्तन का एक ऊर्जा क्षेत्र बना देती है। उस क्षेत्र में कोई अचैतन्यता, कोई नकारात्मकता, कोई वैमनस्यता या हिंसा न तो प्रवेश कर सकते हैं और न ही बने रह सकते हैं, बिल्कुल वैसे ही जैसे प्रकाश की उपस्थिति मे अंधकार टिक नहीं सकता है।

जब आप अपने विचारों और अपनी भावनाओं का द्रष्टा बनना सीख जाते हैं – जो कि उपस्थित रहने का एक अनिवार्य अंग है – तो जब आप पहली बार सामान्य अचैतन्यता की 'स्थिर' पृष्ठभूमि के बारे में सजग होते हैं और यह जान पाते हैं कि अपने भीतर आप सचमुच चैन से शायद ही कभी रहते हों, तब आपको बहुत आश्चर्य हो सकता है।

अपने सोचने-विचारने के स्तर पर निष्कर्ष, निर्णय, असंतोष और 'अब' से दूर-दूर रहने वाली मानसिक धारणाओं के रूप में आप प्रतिरोध को एक बड़ी मात्रा में पायेंगे। भावुकता वाली परत के नीचे-नीचे बहती असहजता, तनाव, ऊब, उकताहट, या घबराहट की धारा आपको मिल जायेगी। ये दोनों अपनी स्वभावगत प्रतिरोध प्रणाली वाले मन के ही पहलू तो हैं।

चैतन्य बनें। उन अनेक तौर-तरीकों को ध्यान से देखें जिनमें अनावश्यक निर्णय-निष्कर्ष पर पहुंचने, जो *है* के प्रति प्रतिरोध करने, और 'अब' को अस्वीकार करने के जरिए, आपमें बेचैनी, असंतोष और तनाव पैदा हुआ करता है।

जब आपमें चैतन्यता का प्रकाश होता है तब हर वह चीज़ विगलित हो जाती है जो अचैतन्य है।

एक बार जब आप यह जान जाते हैं कि सामान्य अचैतन्यता को कैसे विगलित किया जाए, उसे कैसे विघटित किया जाए, तब आपकी उपस्थिति में प्रकाश की उज्ज्वलता और बढ़ जाती है और फिर जब भी आप खुद को अपनी गहरी अचैतन्यता में खींचा जाता हुआ महसूस करते हैं तो उस स्थिति से बच कर निकल आना आपके लिए सरल हो जाता हैं। लेकिन, शुरुआती दौर में, सामान्य अचैतन्यता को पहचान पाना कठिन होता है क्योंकि वह आपकी आदत में घुली-मिली होने के कारण एक सामान्य सी बात नज़र आती है।

यह अपना स्वभाव बना लें कि आत्म-अवलोकन करते हुए आप अपनी मानसिक व भावनात्मक अवस्था पर नज़र रखते रहें।

खुद से अक्सर यह प्रश्न पूछते रहना अच्छा रहता है – "क्या मैं इस पल शांत हूं, चिंतारहित हूं, अनुद्विग्न हूं?" या, आप यह भी पूछ सकते हैं, "इस पल मेरे अंदर क्या चल रहा है?"

जितनी रुचि आप इस बात में रखा करते हैं कि बाहर क्या चल रहा है, उतनी ही रूचि इस बात में भी रखिए कि आपके भीतर क्या चल रहा है। अगर आपके भीतर सब कुछ ठीक हो गया तो बाहर भी सब ठीक हो जायेगा। प्रमुख व प्राथमिक सत्यता तो भीतर ही है, बाहर तो गौण व द्वितीय सत्यता है।

लेकिन, ऐसे प्रश्नों का उत्तर जल्दबाज़ी में मत दीजियेगा। अपने ध्यान को भीतर केंद्रित कीजिए। अपने भीतर एक नज़र डालिए और देखिए कि –

आपका मन किस प्रकार के विचार पैदा कर रहा है?

आप क्या महसूस कर रहे हैं?

अपने ध्यान को अपने तन के भीतर ले जाइए। क्या वहां कोई तनाव है?

जब आप यह जान लें कि बेचैनी का स्तर कम हुआ है, कि पृष्ठभूमि स्थिर हो गई है, तो तनिक यह देखिए कि आप जीवन को किस तरह से अनदेखा किया करते हैं, किस तरह से उसका प्रतिरोध किया करते हैं, उसे नकारा करते हैं – 'अब' को नकार करके ही तो।

ऐसे बहुत से तौर-तरीके हैं जिनके द्वारा लोग अनजाने में ही, अचैतन्यता में ही, वर्तमान पल के प्रति प्रतिरोध किया करते हैं। अभ्यास करते-करते आत्म-अवलोकन करने की, अपनी आंतरिक अवस्था की *मॉनिटरिंग* करने की, उस पर नज़र रखने की आपकी क्षमता कुशाग्र होती जायेगी।

आप जहां भी हों पूरी तरह बस वहीं हों

क्या आप तनाव में रहते हैं? क्या आप भविष्य को लेकर इतने व्यस्त रहते हैं कि आपका वर्तमान सिमट कर आपके लिए भविष्य में पहुंचने का एक साधन मात्र बन कर रह गया है? तनाव तब होता है जब आप होते "यहां" हैं लेकिन पहुंचना "वहां" चाहते हैं, या वर्तमान में रहते हुए भविष्य में पहुंचना चाहते हैं। यह बंट जाना आपको भीतर से भी चीर कर दो कर देता है।

क्या अतीत आपके ध्यान का, आपकी तवज्जो का एक बड़ा हिस्सा हड़प कर जाता है? क्या आप अक्सर अतीत की ही चर्चा और अतीत का ही चिंतन किया करते हैं, चाहे वह नकारात्मक रूप से हो या सकारात्मक रूप से? जैसे, वे बड़े-बड़े काम जो आपने किए हैं, आपके साहस भरे काम या अनुभव, या आपकी व्यथा कथा और वे कष्ट, वे दुख जो आपको दिए गए, या वह सब जो कि आपने औरों के लिए किया है?

क्या आपकी विचार प्रक्रिया अपराध-बोध, अभिमान, रोष, क्रोध, पश्चाताप, या आत्म-ग्लानि पैदा कर रही है? अगर ऐसा है, तो आप न केवल अहं के एक मिथ्या भाव को बल प्रदान कर रहे हैं, बल्कि अपने चेतन तत्व में अतीत का ढेर बढ़ाते हुए अपने शरीर की वृद्धावस्था को प्राप्त करने वाली प्रक्रिया की गति को तेज़ कर रहे हैं। इस बात की पुष्टि आप अपने आसपास रहने वाले उन लोगों को देख कर कर सकते हैं जो अतीत से चिपके रहने वाली प्रचंड प्रवृत्ति रखते हैं।

अतीत के प्रति मर जाइए, हर पल जो बीत गया उसे मरा समझिए। आपको उसकी आवश्यकता ही नहीं है। केवल उसका संदर्भ लीजिए, और वह भी तब कि जब कभी ऐसा करना वर्तमान के लिए बहुत ही आवश्यक हो। इस पल की – वर्तमान पल की शक्ति को और *बीइंग* की पूर्णता को महसूस कीजिए। अपनी उपस्थिति को, विद्यमानता को महसूस कीजिए।

क्या आप चिंतित रहते हैं? क्या आपके मन में "क्या होगा अगर..." वाले विचारों का जमावड़ा लगा रहता है? अगर हां तो इसका मतलब है कि आपने खुद को अपने मन के साथ एकात्म किया हुआ है और वही खुद को एक काल्पनिक भविष्य में ले जा रहा है और डर पैदा कर रहा है। ऐसा कोई तरीका है ही नहीं जिसके द्वारा आप उस डर से निपट सकें, क्योंकि उस स्थिति का तो कोई वजूद ही नहीं है, वह तो मन का गढ़ा गया एक भूत है।

अपने स्वास्थ्य को और अपने जीवन को ज़ंग लगाने वाले इस पागलपन की रोक-थाम आप बड़ी आसानी से कर सकते हैं: वर्तमान पल को स्वीकार करते हुए।

> **अपने श्वास-प्रश्वास के प्रति सजग रहिए।** अपने शरीर में आते और जाते वायु प्रवाह को महसूस कीजिए। अपने आंतरिक ऊर्जा क्षेत्र को महसूस कीजिए। अपना वास्तविक जीवन आपको जिसके साथ निबाहना है, जिसके साथ अपना हर कामकाज करना है, वह आपके मन द्वारा रचा जाने वाला कोई काल्पनिक चित्र नहीं है, बल्कि वह तो *यह पल है, यह वर्तमान पल*।
>
> स्वयं से पूछिए कि क्या आपको इस पल में, वर्तमान पल में, कोई समस्या है – अगले पल, अगले कल, अगले साल नहीं बल्कि ठीक इस पल में क्या आपको कोई समस्या है? इस पल में क्या कोई परेशानी है?

वर्तमान के साथ आप हमेशा अच्छी तरह रह सकते हैं, अच्छी तरह काम कर सकते हैं, लेकिन भविष्य के साथ आप कैसे रह सकते हैं, उसके साथ कैसे काम कर सकते हैं? – और न ही आपको ऐसा करने की कभी नौबत आती है। ज़रूरी जवाब, सही समाधान, आवश्यक शक्ति, सही कदम और संसाधन – ये सब यथासमय और यथा-आवश्यकता आपको उपलब्ध हो जायेंगे, न उससे पहले होंगे, न बाद में।

क्या आपको "इंतज़ार" करने की लत है? अपना कितना समय आप इंतज़ार करने में बिताया करते हैं? डाकघर में, ट्रैफ़िक जाम में, हवाई अड्डे पर इंतज़ार करना, या किसी के आने का, काम पूरा होने इत्यादि का इंतज़ार करना – इन्हें मैं छोटे-मोटे इंतज़ार कहता हूं। लेकिन, कुछ और इंतज़ार होते हैं जिन्हें मैं "बड़ा इंतज़ार" कहता हूं और उनमें शामिल हैं अगली छुट्टियों का इंतज़ार, एक बेहतर जॉब का, बच्चों के बड़े होने का, एक सचमुच सार्थक संबंध पाने का, सफलता का, खूब पैसा कमाने का,

कुछ बन जाने का, आत्मज्ञ होने का इंतज़ार। आमतौर पर, लोग ऐसे ही किसी बडे इंतज़ार में अपनी पूरी ज़िंदगी ही बिता देते हैं, या कहें कि ऐसी किसी इंतज़ार में वे ज़िंदगी शुरू ही नहीं कर पाते हैं।

ऐसा इंतज़ार करना दरअसल मन की एक अवस्था होती है। मूलतः, इसका अर्थ यह है कि आप भविष्य को चाहते हैं, कि आप वर्तमान को नहीं चाहते। जो आपको मिला है उसे आप नहीं चाहते, आप उसे चाहते हैं जो आपको नहीं मिला है। अनजाने ही, हर तरह के इंतज़ार में आप एक द्वंद्व, एक टकराव पैदा कर रहे होते हैं – अपने 'यहां' व 'अब' के और एक काल्पनिक भविष्य के बीच टकराव पैदा कर रहे होते हैं; यानी, एक स्थिति तो वह है जहां आप हैं लेकिन वहां होना नहीं चाहते, और एक स्थिति वह है जहां आप नहीं हैं लेकिन वहां आप होना चाहते हैं। इंतज़ार द्वारा आप इन दोनों के बीच द्वंद्व व टकराव पैदा कर रहे होते हैं। इंतज़ार में, वर्तमान को खो देने के कारण, आप अपने जीवन की अच्छाइयों को भारी मात्रा में खो देते हैं।

उदाहरण के लिए, बहुत से लोग समृद्धि की इंतज़ार किया करते हैं। लेकिन, वह भविष्य में नहीं आती। जब आप वर्तमान वास्तविकता का सम्मान करते हैं, उसे अंगीकार करते हैं, और उसे पूरी तरह स्वीकार करते हैं – यानी आप जहां हैं, आप जो हैं, जो कुछ आप अब कर रहे हैं – अर्थात्, जब आप उसे पूरी तरह स्वीकार करते हैं जो आपके पास है, तब आप उसके लिए कृतज्ञ होते है जो कि आपके पास है, तब *जो है* के लिए आप कृतज्ञ होते हैं, *बीइंग* के लिए, अपने अस्तित्व के लिए कृतज्ञ होते हैं। वर्तमान के लिए कृतज्ञ होना – यानी, *'अब' के जीवन* की प्रचुरता के लिए कृतज्ञ होना – यही सच्ची समृद्धि है। यह भविष्य में नहीं मिल सकती। यही समृद्धि, समयानुसार, फिर नाना रूपों में प्रकट होती रहती है।

जो आपके पास है, उससे अगर आप असंतुष्ट हैं, या वर्तमान अभाव को लेकर आप खिन्न या क्रुद्ध रहते हैं, तो यह बात आपको धनवान बनने के लिए प्रेरित तो कर सकती है, लेकिन चाहे आप लाखों कमा लें फिर भी अपने अंदर आप अभाव ही महसूस करते रहेंगे, अपने अंदर खुद को

कहीं अपरिपूरित ही महसूस करते रहेंगे। ऐसे में, आप ऐसे अनेक सुख हासिल तो कर सकते हैं जो पैसे से खरीदे जा सकते हैं, लेकिन वे आते-जाते रहेंगे और आपके लिए एक खालीपन का ही एहसास देकर जायेंगे, जिसके कारण आपको शारीरिक व मनोवैज्ञानिक तुष्टिकरण की और भी अधिक आवश्यकता महसूस होगी। तब आप *बीइंग में* निवास नहीं कर रहे होंगे, और इसीलिए 'अब' के जीवन में उस परिपूर्णता को महसूस नहीं कर रहे होंगे जो कि एकमात्र सच्ची समृद्धि होती है।

इंतज़ार को अपने मन की अवस्था बनाना छोड़ दीजिए। जब कभी भी आप खुद को इंतज़ार की अवस्था में जाता हुआ पाएं . . . तो झटपट उससे बाहर निकल आएं, वर्तमान पल में आ जाएं। बस इसी में रहें और इसमें ही रहने का आनंद लें। अगर आप वर्तमान में रहते हैं तो आपको कभी किसी चीज़ का इंतज़ार करने की ज़रूरत ही नहीं पड़ेगी।

तो, अगली बार जब कोई आपसे कहे, "क्षमा कीजियेगा, आपको इंतज़ार करना पड़ा।" तो आप जवाब में कह सकते हैं, "कोई बात नहीं, मैं इंतज़ार नहीं कर रहा था। मैं तो बस यहां खड़ा होकर खुद का आनंद ले रहा था – खुद में होने का आनंद ले रहा था।"

वर्तमान पल को नकारने के आदी मन की ये ऐसी कुछ युक्तिनीतियां हैं जो कि हमारी सामान्य अचैतन्यता का हिस्सा बनी रहती हैं। इन्हें नज़रअंदाज़ करना बड़ा आसान होता है क्योंकि हमारे सामान्य जीवन का ये काफ़ी बड़ा हिस्सा बन चुकी हैं, यानी अनवरत रहने वाले हमारे असंतोष की ये स्थाई पृष्ठभूमि बन चुकी हैं। फिर भी, अपनी आंतरिक मानसिक-भावनात्मक अवस्था पर आप जितनी अधिक नज़र रखेंगे, उसकी जितनी अधिक *मॉनिटरिंग* करेंगे, उतना ही आसान यह जानना होता जायेगा कि आप कब अतीत के या भविष्य के – यानी अचैतन्यता के – जाल में फंस रहे हैं। और इसलिए, समय के उस स्वप्न से बाहर

निकल कर वर्तमान में आ जाना भी आपके लिए उतना ही सरल हो जायेगा।

लेकिन, सजग रहिए: मन के साथ तादात्म्य करने वाला यह मिथ्या, अवास्तविक, अप्रसन्न अहं तो सदा-सर्वदा समय में ही रहा करता है। यह जानता है कि वर्तमान पल तो इसके लिए मौत के समान होता है, और इसीलिए यह वर्तमान पल से हमेशा ख़ौफ़ खाता है। आपको वर्तमान पल में से बाहर खींच लेने और समय के जाल में फंसा देने के लिए यह अहं वे तमाम जतन करता है जो यह कर सकता है।

एक तरह से, *प्रेजैंस* की अवस्था की तुलना इंतज़ार करने की अवस्था से की जा सकती है। बल्कि, कुछ भिन्न गुणों वाला एक और किस्म का इंतज़ार भी होता है, वह इंतज़ार जिसमें आपकी पूरी सजगता की आवश्यकता होती है। जिसमें किसी भी पल कुछ भी घटित हो सकता है, और अगर आप पूरी-पूरी तरह सजग-सचेत नहीं हैं, निश्चल नहीं हैं, तो आप चूक सकते हैं, उसे खो सकते हैं। इस अवस्था में आपका सारा ध्यान, सारा अवधान, सारी तवज्जो 'अब' में रहती है। किसी दिवास्वप्न के लिए, किसी सोच-विचार के लिए, कुछ याद करने या कोई प्रत्याशा करने के लिए उसमें कुछ होता ही नहीं है। उसमें न कोई तनाव रहता है, न कोई भय रहता है, कुछ रहता है तो बस सजग, सचेत *प्रेजैंस* । उसमें आप अपने संपूर्ण *बीइंग* के साथ, अपने शरीर के एक-एक कोशाणु के साथ उपस्थित रहते हैं।

उस अवस्था में, वह "आप" जो कि अतीत व भविष्य को ढो रहा होता है, वह वहां रहता ही नहीं। लेकिन फिर भी, महत्व की कोई चीज़ छूटती भी नहीं है। आप सार रूप में आप ही बने रहते हैं। वास्तविकता तो यह है कि पहले की अपेक्षा आप कहीं अधिक 'परिपूर्ण आप' हो जाते हैं, दरअसल यह केवल 'अब' ही है जिसमें आप सचमुच आप होते हैं।

अगर आप वर्तमान में विद्यमान हैं तो अतीत वहां रह ही नहीं सकता

अपने अतीत के बारे में जो कुछ भी आप जानना चाहते हैं उसे वर्तमान की चुनौतियां आपके अंदर से बाहर प्रकट करा देंगी। अगर आप अतीत में खोदते-खोदते नीचे उतरते जायेंगे तो वह एक अथाह गर्त ही सिद्ध होता जायेगा: कुछ न कुछ सामने आता ही रहेगा। हो सकता है आप ऐसा मानते हों कि अतीत को समझने या उससे मुक्त होने के लिए आपको और अधिक समय चाहिए, या दूसरे शब्दों में कहें तो शायद भविष्य आपको अतीत से मुक्त कर देगा। लेकिन, यह भ्रम है, भ्रांति है, मरीचिका है। केवल वर्तमान ही आपको अतीत से मुक्त कर सकता है। समय में अधिक समय बिताने से आप समय से मुक्त नहीं हो सकते – यानी अतीत और भविष्य में आप जितना अधिक जायेंगे, उतना ही अधिक उनमें फंसते जायेंगे।

वर्तमान की शक्ति में प्रवेश कीजिए। यही है हल। वर्तमान में विद्यमानता की शक्ति, विचार तंत्र से मुक्त आपकी चैतन्यता – यही है वर्तमान की शक्ति।

इसलिए, वर्तमान के तल पर ही अतीत से निपटिए। अतीत को आप जितना अधिक अपना ध्यान-अवधान देते हैं उसे आप उतना ही अधिक सबल बनाते जाते हैं, और अधिकतर उसी में से आप अपना अहं भी रचते जाते हैं।

ग़लत मत समझिए: ध्यान-अवधान आवश्यक तो होता है, लेकिन अतीत को अतीत की तरह देखने के लिए नहीं। वर्तमान पर अपना ध्यान दीजिए, अपने व्यवहार पर ध्यान दीजिए, आपकी प्रतिक्रियाएं, आपके मिज़ाज, विचार, भावनाएं, भय, और इच्छाएं – ये जब वर्तमान में पैदा हो रहे हों तब उन पर ध्यान दीजिए। *इन्हीं में बसा है* आपका अतीत। अगर आप इन चीज़ों को ध्यानपूर्वक देखने के लिए वर्तमान में पूरी-पूरी तरह उपस्थित रह सकते हैं – आलोचनात्मक या विश्लेषणात्मक रूप से

देखने को नहीं बल्कि बिना कोई गुण-दोष निरूपण किए देखने को – तब आप अतीत का निपटान कर रहे होंगे, अपनी *प्रेजैंस* की शक्ति से उसका अंत कर रहे होंगे।

अतीत में जाकर आप स्वयं को नहीं पा सकते। वर्तमान में रह कर ही आप स्वयं को पा सकते हैं।

अध्याय पांच

वर्तमान में विद्यमान रहने की नीरवता व निश्चलता में से ही उदित होता है सुन्दरम्

प्रकृति के सौंदर्य के प्रति, उसकी विशालता और पावनता के प्रति सजग होने के लिए वर्तमान में विद्यमान रहने की आवश्यकता होती है। क्या आपने कभी रात के साफ़ आकाश की अनंतता को नज़र भर कर ध्यान से देखा है, उसकी नितांत नीरवता, निश्चलता और अछोर विशालता से क्या आप कभी चकित-विस्मित हुए हैं? क्या आपने जंगल में बहती किसी छोटी जलधारा की कल-कल ध्वनि को सुना है, सचमुच सुना है? या गर्मियों की किसी शांत शाम को कोयल की कूक को कभी सुना है?

इन सब चीज़ों के प्रति सजग होने के लिए मन का ठहरना, शांत होना, ख़ामोश होना ज़रूरी है। इसके लिए, अपनी समस्याओं के पुलिंदे को सिर से उतार कर कुछ देर के लिए नीचे रख देना होगा – अतीत के, भविष्य के और अपने सारे ज्ञान के पुलिंदे को भी – वरना आप देख कर भी देख नहीं पायेंगे और सुन कर भी सुन नहीं पायेंगे। वर्तमान में पूरी तरह आपका विद्यमान होना आवश्यक है।

बाहरी रूप व आकार के सौंदर्य के अलावा भी बहुत कुछ ऐसा है जिसे कोई नाम नहीं दिया जा सकता, जिसका वर्णन नहीं किया जा सकता, और जो एक गहरा, भीतरी और पवित्र मूल तत्व है। जब कभी भी और जहां कहीं भी सौंदर्य है, वहां यही

मूल तत्व किसी न किसी माध्यम से जगमगा रहा होता है। यह आपके समक्ष प्रकट तभी होता है जब आप वर्तमान में उपस्थित हों, विद्यमान हों।

क्या ऐसा नहीं लगता कि वह अनाम तत्व और आपकी विद्यमानता एक ही चीज़ हैं?

क्या वह कभी आपकी उपस्थिति, आपकी विद्यमानता के बिना प्रकट हो सकता है?

इसमें गहरे उतरिए। स्वयं खोज कीजिए।

विशुद्ध चेतना को पहचानना

जब भी आप अपने मन का अवलोकन करते हैं, तब आप मन वाले अपने स्वरूप में से चैतन्यता को वापस ले लेते हैं, और फिर वही चैतन्यता मन की द्रष्टा या साक्षी बन जाती है। परिणामस्वरूप, यह द्रष्टा – यानी रूप-आकार से परे विशुद्ध आपकी चेतना – अधिक सबल होती जाती है और मन की रूप रचने वाली क्षमता दुर्बल होती जाती हैं।

जब हम मन का अवलोकन करने की बात करते हैं, तब हम एक ऐसी घटना का वैयक्तिकरण कर रहे होते हैं जो सृष्टि से जुड़ी है और सचमुच महत्वपूर्ण है: चेतना, आपके माध्यम से, रूप व आकार के साथ होने वाली तादात्म्यता की अपनी स्वप्नावस्था से जाग कर उससे से बाहर आ रही होती है। यह घटना फ़िलहाल एक ऐसी घटना का एक अंश होते हुए उसके आने का पूर्वाभास दे रही होती है जो कि कलैंडर वाले समय के लिहाज़ से अभी कहीं सुदूर भविष्य में संभावित है। उस घटना को कहते हैं – प्रलय, संसार का अंत।

प्रतिदिन के जीवन में *प्रेजैंट* बने रहना स्वयं के साथ गहराई से जुड़े रहने में सहायता करता है; वरना तो हमेशा ही बेहद चलायमान रहने वाला आपका मन अपने साथ आपको ऐसे

बहा कर ले जाएगा जैसे उफनती हुई नदी ले जाती है।

इसका मतलब यह है कि आप अपने शरीर में पूरी तरह से वास करें। अपने शरीर के आंतरिक ऊर्जा क्षेत्र में अपना थोड़ा बहुत अवधान हमेशा रखें। या यूं कह लें कि अपने शरीर को भीतर से महसूस करें। अपने शरीर के प्रति सजगता आपको *प्रेजैंट* रखती है। वह अपना लंगर 'अब' में डाले रखती है।

जिस शरीर को आप देख सकते हैं, छू सकते हैं, वह आपको *बीइंग* में नहीं ले जा सकता। देखा और स्पर्श किया जा सकने वाला यह शरीर तो केवल एक बाहरी आवरण है, या कहें कि यह तो एक गहरी वास्तविकता का वह रूप है जिसे एक सीमित और विकृत अर्थ में देखा गया है। *बीइंग* के साथ जुड़ाव की अपनी सहज अवस्था में इस गहरी वास्तविकता को – यानी आपके भीतर विराजमान सदा जीवंत रहने वाली *प्रेजैंस* को – एक अदृश्य आंतरिक देह के रूप में हर पल महसूस किया जा सकता है। इसलिए, "शरीर में वास करना" शरीर को भीतर से महसूस करना होता है, ऐसा करना शरीर के भीतर प्राण को महसूस करना होता है, और इस तरह यह जानना भी होता है कि आप केवल यह आवरण नहीं हैं बल्कि इस से पार हैं।

जब तक आपका मन आपका समूचा ध्यान-अवधान हड़पता रहेगा, तब तक आप *बीइंग* से कटे ही रहेंगे। जब तक ऐसा होता है – और अधिकांश लोगों के साथ ऐसा लगातार ही होता रहता है – तब तक आप अपने शरीर में नहीं होते हैं। मन आपकी सारी चैतन्यता को सोखता रहता है और उसे बदल कर वह उसे अपना ही माल बना लेता है। इसलिए, आप सोचना रोक ही नहीं पाते हैं।

अपनी *बीइंग* के प्रति चैतन्य होने के लिए आपको अपने मन से अपनी चैतन्यता को वापस लेने की आवश्यकता होती है। आध्यात्मिक यात्रा आरंभ करने के लिए सबसे बुनियादी कामों में से एक काम यही है। ऐसा करना चैतन्यता की उस विपुल मात्रा को स्वतंत्र कर देगा जो अभी तक आपकी आदतन सोचने वाली लत में उलझी रहा करती है। इसे करने

का एक अत्यंत प्रभावी तरीका तो यह है कि अपने ध्यान के फ़ोकस को सोचने से हटा कर अपने शरीर में केंद्रित किया जाए जहां कि पहली ही बार में *बीइंग* को महसूस किया जा सकता है – एक ऐसी अदृश्य ऊर्जा के रूप में जो कि उसे जीवन प्रदान करती है जिसे आप भौतिक शरीर के रूप में देखते व मानते हैं।

~

अपने आंतरिक शरीर के साथ जुडें

कृपया इस अभ्यास को अभी करके देखें। अपनी आंखों को बंद करना इस अभ्यास को करने में मदद करेगा। बाद में, जब "शरीर में होना" आपके लिए सहज और सरल हो जाए तो फिर आंखें बंद करने की आवश्यकता नहीं रह जायेगी।

> **अपना पूरा ध्यान, पूरा अवधान अपने शरीर में ले जाइए।** अपने शरीर को अंदर से महसूस कीजिए। क्या वह जीवंत है? क्या आपके हाथों में, बाहों में, पैरों में, आपके पेट में, वक्ष में जीवंतता है?
>
> क्या आप उस सूक्ष्म ऊर्जा क्षेत्र को महसूस कर रहे हैं जो कि आपके सारे शरीर में व्याप्त है, और उसके हर अंग को, हर कोशाणु को स्पंदित जीवन दे रहा है। क्या समूचे शरीर के हर अंग में आप इसे एक साथ महसूस कर सकते हैं – एक ही ऊर्जा क्षेत्र की तरह।
>
> कुछ समय तक अपने आंतरिक शरीर को महसूस करने पर ही अपना फ़ोकस बनाए रखिए। इसके बारे में कुछ सोचना शुरू मत कर दीजिए। बस इसे महसूस कीजिए।

जितना अधिक फ़ोकस आप रखेंगे, यह अनुभूति उतनी ही सबल और स्पष्ट होती जायेगी। ऐसा लगेगा जैसे आपके शरीर का हर कोशाणु अधिक सजीव होता जा रहा है, और अगर आपकी कल्पना शक्ति तेज़ है

तो आपको ऐसा भी लग सकता है जैसे आपका शरीर प्रदीप्त हो रहा है, रोशन हो रहा है। हालांकि ऐसे आभास आपको अस्थाई रूप से ही हो सकते हैं, इसलिए किसी भी ऐसी उभरती छवि पर ध्यान देने के बजाय उस पर अधिक ध्यान दीजिए जो आपको महसूस हो रहा है। कोई छवि कितनी भी सुंदर व सबल क्यों न हो, वह एक रूप-आकार में ढल चुकी होती है, और इसलिए उसमें अधिक गहरे उतरने की संभावना बहुत कम रह जाती है।

अपने शरीर में गहरे उतरना

अपने शरीर में और भी गहरे उतरने के लिए निम्नलिखित ध्यान विधि को आज़माइए। इसके लिए घड़ी से दस या पंद्रह मिनट काफ़ी होंगे।

सबसे पहले यह सुनिश्चित कर लीजिए कि बाहरी तौर से ख़लल डालने वाली कोई चीज़ तो आपके आसपास नहीं है, जैसे फ़ोन या लोग। फिर, एक कुर्सी पर बैठ जाइए, लेकिन कमर टिका कर नहीं। अपनी रीढ़ को सीधा रखिए। ऐसा करने से सचेत रहने में मदद मिलेगी। ध्यान के लिए अपनी पसंद का कोई भी आसन या कोई भी मुद्रा चुन लीजिए।

यह भी सुनिश्चित कर लीजिए कि आपका शरीर शिथिल है, तनावरहित है। अपनी आंखें बंद कर लीजिए। कुछ गहरी-गहरी सांस लीजिए। महसूस कीजिए कि आपके पेट के निचले हिस्से में से सांस आ-जा रही है, जैसा कि आमतौर पर होता भी है। ध्यान से देखिए कि अंदर आती और बाहर जाती सांस के साथ आपका पेट किस तरह थोड़ा फूलता और फिर थोड़ा सिकुड़ता है। फिर अपने शरीर के समूचे ऊर्जा क्षेत्र का बोध कीजिए। उसके बारे में सोचें नहीं – उसे बस महसूस कीजिए। ऐसा करने से आपके मन में गई हुई आपकी चैतन्यता आपके

पास वापस आ जाती है। अगर आपको फ़ायदेमंद लगे तो आप शरीर में "प्रकाश होने" की कल्पना भी कर सकते हैं, जैसा कि मैंने अभी-अभी बताया भी है।

जब आप अपने आंतरिक शरीर को स्पष्ट रूप से एक एकल ऊर्जा क्षेत्र की तरह महसूस करने लगें तब उसकी किसी भी तरह की कोई काल्पनिक छवि बनाने से बचें और अपना फ़ोकस केवल उसे महसूस करने पर ही रखें। अगर कर सकें तो अपने भौतिक शरीर की किसी मानसिक छवि को भी छोड़ दें। इसके बाद जो कुछ शेष बचेगा वह होगी सर्वसमावेशी *प्रेजैंस* की या *बीइंगनैस* की अनुभूति, और तब आपका आंतरिक शरीर आपको असीम और अपार महसूस होने लगेगा। फिर अपने ध्यान को उस अनुभूति में और भी गहरे में ले जाइए। उसके साथ एक हो जाइए। उस ऊर्जा क्षेत्र में समा जाइए, ताकि अवलोकनकर्ता और अवलोकित जैसी, आप और आपके शरीर जैसी, यानी द्वैत जैसी कोई स्थिति न रहे। ऐसी अवस्था में आंतरिक शरीर और बाहरी शरीर का भेद भी मिट जाता है, और इसलिए आंतरिक शरीर जैसा कुछ नहीं रह जाता है। अपने शरीर में गहरे उतर कर तब आप शरीर के पार चले गए होते हैं।

विशुद्ध *बीइंग* के इस राज्य में तब तक रहते रहिए जब तक आप सहज-सरल महसूस करते रहें; और फिर इस शरीर के प्रति, अपनी श्वास-प्रश्वास के प्रति, अपनी ज्ञानेद्रियों के प्रति सजग होते-होते अपनी आंखें खोल लीजिए। कुछ देर तक, ध्यानमग्न भाव से अपने चारों ओर देखिए – मानसिक रूप से उन्हें कोई नाम या पहचान न देते हुए – और, ऐसा करते हुए अपने आंतरिक शरीर को अनुभूत करते रहिए।

उस निराकार प्रवेश करना सचमुच मुक्ति देता है। वह आपको रूपाकार के बंधन से और रूपाकार के साथ आपकी तादात्म्यता से मुक्त कर देता है। उसे हम समस्त पदार्थों का अव्यक्त, अप्रकट और अदृश्य

स्रोत कह सकते हैं, उसे समस्त प्राणों का प्राण कह सकते हैं। वह गहन नीरवता, निश्चलता व शांति का साम्राज्य है, लेकिन साथ ही आह्लाद और अत्यंत जीवंतता का भी। जब भी आप वर्तमान में विद्यमान रहते हैं, तब किसी हद तक आप उस परम स्रोत से आने वाले प्रकाश के लिए, विशुद्ध चेतना के लिए "सुभेद्य" हो जाते हैं, "सुगम" हो जाते हैं। आपको यह भी बोध हो जाता है कि वह प्रकाश आप से भिन्न नहीं हैं, बल्कि आपके मूलतत्व को उसी ने रचा है।

जब आपकी चेतना बहिर्मुखी होती है, तब मन और जगत उत्पन्न होने लगते हैं, दृष्टिगोचर होने लगते हैं। लेकिन, जब आपकी चेतना अंतर्मुखी हो जाती है, तब वह अपने मूल स्रोत को जान जाती है और अप्रकट में प्रवेश करके अपने घर वापस पहुंच जाती है।

फिर, जब आपकी चेतना इस प्रकट जगत में पुनः लौट कर आती है, तब आप उस रूपाकार वाली पहचान को, उस व्यक्तित्व को पुनः धारण कर लेते हैं जिसे कि आपने अस्थाई रूप से छोड़ दिया था। तब आपका एक नाम तो होता है, आपकी एक जीवन परिस्थिति भी होती है, आपका अतीत भी होता है और भविष्य भी, लेकिन मूलभूत रूप से आप वही व्यक्ति नहीं रह जाते हैं जो कि आप पहले थे: अपने भीतर आपको वास्तविकता की वह झलक दिखाई देने लगती है जो कि "इस जगत की" नहीं होती है, हालांकि वह उससे पृथक भी नहीं होती है, बिल्कुल उसी तरह जैसे वह आपसे पृथक नहीं होती है।

तो, अपना आध्यात्मिक अभ्यास इस प्रकार कीजिएः

अपना जीवन जीते हुए अपने मन तथा बाह्य जगत को अपने ध्यान-अवधान का 100 प्रतिशत हिस्सा मत दीजिए। थोड़ा-बहुत अपने अंदर भी रखिए।

दिन-प्रतिदिन के अपने कार्यकलाप करते हुए भी अपने आंतरिक शरीर को महसूस करते रहिए, ख़ासतौर से तब जब कि आप किसी संबंध में व्यवहार कर रहे हों, या प्रकृति की गोद में कहीं हों। इस नीरवता, निश्चलता, स्थिरता को, इस

शांति को अपने भीतर गहराई तक महसूस कीजिए। द्वार खुला रखिए।

उस अप्रकट के प्रति जीवन भर चैतन्य रहना सचमुच संभव है। तब, बाहर जो कुछ भी घटित हो रहा हो, उसमें भी इस चैतन्यता को, कहीं पृष्ठभूमि में, एक अगाध नीरवता, निश्चलता, व शांतता की ऐसी अनुभूति के रूप में आप महसूस करते रहेंगे जो कि आपका साथ छोड़ कर कभी नहीं जाती है। तब आप अप्रकट व प्रकट के बीच, ईश्वर और जगत के बीच एक सेतु बन जाते हैं।

उस परम स्रोत से जुड़ जाने की यही वह अवस्था है जिसे हम आत्मज्ञान होना कहते हैं, *एन्लाइटेनमैंट* कहते हैं।

अपनी जड़ों को अपने अंतरतम की गहराई में जमाए रखिए

सबसे महत्वपूर्ण यह है उस अवस्था में रहा जाए जिसमें कि आप अपने आंतरिक शरीर के साथ स्थाई रूप से जुड़े रह सकें – उसे हर समय महसूस करते रह सकें। ऐसा करना आपके जीवन को शीघ्र ही गहनता देगा, उसे रूपांतरित करेगा। अपनी चैतन्यता को आप जितना अधिक इस आंतरिक शरीर की ओर ले जायेंगे, इसकी जीवंतता की मात्रा उतनी ही अधिक बढ़ती जायेगी – बिल्कुल वैसे ही जैसे *डिमर-स्विच* को आगे घुमाने से विद्युत प्रवाह बढ़ता जाता है और उससे प्रकाश तेज़ होता जाता है। ऊर्जा और ओजस्विता के इस उच्च स्तर पर, नकारात्मकता आपको प्रभावित नहीं कर पाती है, और आप ऐसी नई परिस्थितियों को आकर्षित करने लगते हैं जो कि इस उच्चतर अवस्था को अभिव्यक्त किया करती हैं।

जितना अधिक हो सके उतना अधिक, अगर आप अपने शरीर में अपना ध्यान-अवधान केंद्रित रखते हैं तब आप अब में स्थिर रह सकते हैं। तब आप खुद को बाहरी संसार में खो नहीं देते हैं, और न ही अपने

मन की भूलभुलैया में भटका करते हैं। विचार और भावनाएं, भय और इच्छाएं – किसी हद तक ये तब भी रहती तो हैं लेकिन फिर वे आप पर हावी नहीं हो पाती हैं।

ज़रा देखिए कि इस पल आपका ध्यान–अवधान कहां है। इस समय आप मुझे सुन रहे हैं या इस किताब के शब्दों को पढ़ रहे हैं। यह तो है आपके ध्यान का फ़ोकस। लेकिन बाहरी तौर पर आप अपने चारों ओर के वातावरण से, लोगों से व अन्य चीजों से भी अवगत हैं। इसके अलावा, जो कुछ आप मुझसे सुन रहे हैं या पढ़ रहे हैं उसके बारे में आपके अंदर कोई मानसिक गतिविधि भी हो रही होगी, उसके बारे में एक मानसिक टीका-टिप्पणी भी चल रही होगी।

लेकिन फिर भी, इनमें से किसी को भी आपके *समूचे* ध्यान को सोख लेने की आवश्यकता नहीं पड़ती है। तो देखिए कि क्या आपका ध्यान व अवधान इस समय भी आपके आंतरिक शरीर पर रह सकता है। अपने ध्यान व अवधान का कुछ अंश अपने भीतर भी रखा कीजिए। सारे का सारा बाहर मत बह जाने दीजिए। अपने पूरे शरीर को भीतर से महसूस कीजिए, जैसे यह एक ही ऊर्जा-पुंज हो। यह कुछ ऐसा ही है जैसे मुझे सुनना या यह किताब पढ़ना, आप अपने पूरे शरीर से कर रहे हों। आने वाले दिनों में ऐसा करना अपनी आदत बनाइए।

अपने मन को या बाहरी संसार को अपना सारा का सारा ध्यान व अवधान मत दीजिए। निश्चय ही, जो कुछ आप कर रहे हों उस पर फ़ोकस तो रखिए, लेकिन साथ ही और जब-जब भी संभव हो, अपने आंतरिक शरीर को भी महसूस करते रहिए। अपनी जड़ें अपने अंदर जमाए रखिए। और, तब देखिए कि इससे आपकी चैतन्यता की अवस्था में, और जो कुछ आप कर रहे हैं उसकी गुणवत्ता में, कैसा परिवर्तन आता है।

जो कुछ मैं बता रहा हूं उसे यू ही केवल स्वीकार या अस्वीकार मत कीजिए, बल्कि उसे आज़मा कर देखिए।

अपने रोग प्रतिरोधी तंत्र को मज़बूत कीजिए

सैल्फ़ हीलिंग के लिए एक ऐसी सीधी-सरल लेकिन बड़ी ही सबल ध्यान की विधि उपलब्ध है जिसे अपनी रोग प्रतिरोधक प्रणाली को बढ़ाने की आवश्यकता महसूस होने पर आप कभी भी कर सकते हैं। यह ध्यान करना तब विशेष रूप से प्रभावी रहता है जब किसी रोग का पहला लक्षण आप महसूस करें, लेकिन यह ऐसे रोगों में भी कारगर रहता है कि जो पहले से ही आपके अंदर अपने पैर पसार चुके हों – बशर्ते कि आप इसे थोड़ी-थोड़ी देर बाद करते रहें और पूरी शिद्दत के साथ फ़ोकस कर के करें। किसी नकरात्मकता द्वारा आपके ऊर्जा क्षेत्र में की गई किसी टूट-फूट का निराकरण भी यह ध्यान कर देता है।

लेकिन, यह ध्यान हर पल अपने शरीर में रहने वाले अभ्यास का विकल्प नहीं है, क्योंकि उस अभ्यास के बिना तो इसका प्रभाव अस्थाई ही रहेगा। तो, इस ध्यान की विधि प्रस्तुत है।

कुछ पलों के लिए जब आप फुरसत में हों, विशेष रूप से रात को सोने से पहले वाले आख़री पलों में या सुबह जागने पर सबसे पहले वाले पलों में, तब अपने शरीर में चैतन्यता को अधिकतम "भर" लीजिए। कमर के बल लेट जाइए। अपनी आंखें बंद कीजिए। अपने शरीर के विभिन्न अंगों पर एक-एक करके अपने अवधान का फ़ोकस करना शुरू कीजिए, जैसे पहले हाथ पर, फिर पैर, बाहों, टांगों, पेट, छाती, सिर इत्यादि पर। इन अंगों के अंदर जीवन-ऊर्जा को जितनी अधिक सघनता के साथ आप महसूस कर सकते हैं, कीजिए। हर अंग के साथ इसी प्रकार लगभग पंद्रह सैकंड तक रहिए।

फिर अपने अवधान को अपने पूरे शरीर में एक लहर की तरह दौड़ने दीजिए, जैसे हाथों से पैरों की ओर और फिर वापस हाथों की ओर। ऐसा कई बार कीजिए। इसमें केवल एक-दो मिनट ही लगेंगे। इसके बाद, अपने आंतरिक शरीर को पूरी-पूरी तरह महसूस कीजिए, ऊर्जा के एक अखंड क्षेत्र के रूप में।

इस दौरान पूरी तौर पर *प्रेज़ैंट* रहिए, अपने शरीर के हर एक कोशाणु में उपस्थित रहिए।

आपका मन अगर कभी आपका ध्यान शरीर से बाहर ले जाने में कामयाब हो जाए और आप खुद को किसी विचार में भटकता हुआ पाएं तो चिंता मत कीजिए। ज्यों ही आप देखें कि ऐसा हो गया है, त्यों ही अपने ध्यान-अवधान को वापस अपने शरीर में लें आएं।

अपने मन का रचनात्मक उपयोग कीजिए

अगर आपको किसी विशेष प्रयोजन के लिए अपने मन का प्रयोग करने की आवश्यकता आ ही पड़े तो आप उसका प्रयोग अपने आंतरिक शरीर के संयोजन के साथ करें। अपने मन का रचनात्मक उपयोग आप तभी कर सकते हैं जब आप बिना किसी विचार के चैतन्य रहते हैं। और, ऐसी अवस्था में प्रवेश करने का सरलतम उपाय है अपने शरीर के माध्यम से वहां तक पहुंचना।

जब कभी भी आपको किसी उत्तर, किसी समाधान या किसी रचनात्मक सोच की आवश्यकता हो, तब आप अपने आंतरिक ऊर्जा क्षेत्र पर अपने अवधान को फ़ोकस करते हुए कुछ पलों के लिए विचार करना बंद कर दीजिए। उस नीरवता, शांतता, निश्चलता को महसूस कीजिए।

जब आप विचार करने की स्थिति में वापस आयेंगे तो वह

विचार ताज़ातरीन होगा, और रचनात्मक होगा। किसी भी विचार की गतिविधि में, यह अपनी आदत बना लें कि विचार करने के और अपने अंदर की आवाज़ सुनने के बीच, कुछ पलों के लिए आना-जाना बनाए रहे।

इसे यूं कहा जा सकता है: केवल अपने मन-मस्तिष्क से ही न सोचें बल्कि अपने समूचे शरीर से सोचें।

अपने श्वास–प्रश्वास द्वारा अपने शरीर में प्रवेश करना

जब कभी भी आप पाएं कि आंतरिक शरीर के संपर्क में आना कठिन हो रहा है, तब सबसे पहले अपने सांस पर फ़ोकस करना प्रायः आसान रहता है। सजग रूप से सांस लेना – जो कि अपने आपमें एक ध्यान ही है – आपको धीरे-धीरे शरीर के संपर्क में ले आता है।

जैसे–जैसे आपकी सांस आपके शरीर में अंदर व बाहर जा रही हो, अपने अवधान के साथ उसका अनुगमन करें। अंदर जाती सांस के साथ पेट का तनिक फूलना और फिर बाहर जाती सांस के साथ उसका सिकुड़ना – इसे महसूस करें।

अगर आप आसानी से कल्पना में देख सकते हैं तो अपनी आंखे बंद कर लीजिए और स्वयं को प्रकाश से घिरा हुआ देखिए या किसी ज्योतिर्मय तत्व में निमग्न हुआ महसूस कीजिए – चैतन्यता के सागर में। तब, उस प्रकाश में, उस ज्योति में सांस भरिए, और महसूस कीजिए कि वह ज्योतिर्मय तत्व आपके शरीर में भरता जा रहा है और उसे देदीप्यमान भी करता जा रहा है।

फिर धीरे-धीरे उस एहसास पर अधिक फ़ोकस करते जाइए। किसी भी काल्पनिक छवि के मोह में मत पड़ जाइए। तब आप अपने शरीर में होंगे। तब आप 'अब' की शक्ति में प्रवेश कर गए होंगे।

भाग दो

संबंध – आध्यात्मिक साधना के रूप में

बीइंग की एक अवस्था है प्रेम,
आपका प्रेम कहीं बाहर नहीं है,
वह तो आपके भीतर ही है।
इसे आप न कभी खो सकते हैं,
और न यह कभी आपको छोड़ सकता है।
यह किसी अन्य शरीर पर,
किसी अन्य रूपाकार पर
निर्भर नहीं रहा करता है।

अध्याय छः

अतीत के संचित दुख का अंत करना

इंसान के अधिकांश दुख तो दरअसल ऐसे हैं जिन्हें होना ही नहीं चाहिए। ऐसे तमाम दुख आपके खुद के ही बनाए हुए हैं, यानी जब तक कि आप अपने जीवन की बागडोर अपने उस मन को सौंपे हुए हैं जिसका कि आप कभी अवलोकन भी नहीं करते हैं, जिस पर कि कभी आप ग़ौर भी नहीं करते है, तब तक आप अपने दुखों के जनक खुद ही बने रहेंगे। वर्तमान में जो भी दुख आप पैदा कर रहे हैं वह हमेशा ही किसी न किसी रूप में *जो है* को स्वीकार न करने और प्रतिरोध करने के ही परिणामस्वरूप ही पैदा हुआ करता है।

विचार के स्तर पर यह प्रतिरोध दरअसल आपके मन के निर्णय-निष्कर्ष का, आपके मन की धारणा का ही एक रूप हुआ करता है, और भावनात्मक स्तर पर यह आपकी नकारात्मकता का, स्वीकार न करने की प्रवृत्ति का एक रूप हुआ करता है। आपके दुख की अधिकता निर्भर ही इस बात पर करती है कि वर्तमान स्थिति के प्रति आपका प्रतिरोध कितना अधिक है, और प्रतिरोध की यह अधिकता इस बात पर निर्भर करती है कि आपने खुद को अपने मन के साथ कितनी अधिकता से तादात्म्य किया हुआ है, अपने मन के साथ आप कितनी प्रगाढ़ता से एकात्म बने हुए है, यानी किस हद तक आपने यह माना हुआ है कि आपका मन और आप

एक ही हैं। हमारा मन हमेशा ही 'अब' को नकारने, उसे अस्वीकार करने और उससे बच निकलने की कोशिश में रहा करता है।

दूसरे शब्दों में, आप अपने मन के साथ खुद को जितना अधिक तादात्म्य करते जायेंगे, उसके साथ जितना अधिक एकात्म, एकाकार व एकजान होते जायेंगे, आपके दुख उतने ही अधिक होते जायेंगे। या, इस बात को उलट कर यूं कहा जा सकता है: आप 'अब' की जितनी अधिक क़द्र करने लगेंगे और उसे जितना अधिक स्वीकार करने लगेंगे, उतना ही अधिक आप अपने दुख से मुक्त होते चले जायेंगे – और, इस तरह, अपने अहंकारग्रस्त मन से मुक्त भी होते जायेंगे।

कुछ आध्यात्मिक शिक्षाओं में बताया जाता है कि सभी दुख मूलतः केवल भ्रम व भ्रांति ही होते हैं, और यह बात सच भी है। लेकिन, सवाल यह है कि क्या यह बात आपके लिए भी सच है? क्योंकि, केवल किसी बात पर विश्वास कर लेना ही उसको सत्य नहीं बना देता। क्या केवल यह विश्वास करते हुए ही आप अपना शेष पूरा जीवन दुख को अनुभव करते हुए और यह कहते हुए बिताना चाहेंगे कि दुख तो केवल भ्रम है, भ्रांति है? ऐसा करने से क्या आप दुख से मुक्त हो जायेंगे? यहां हमारा सरोकार जिस बात से है वह यह है कि आपको इस सत्य का सचमुच *बोध* कैसे हो – यानी, खुद के अपने अनुभव में आप इस बात का सचमुच बोध कैसे करें कि दुख भ्रम है, भ्रांति है।

आपको दुख तब तक होना ही होना है जब तक कि आपने खुद को अपने मन के साथ तादात्म्य किया हुआ है, उसके साथ खुद को एकात्म, एकाकार व एकजान किया हुआ है, या आध्यात्मिक भाषा में इसे यूं कह लें कि जब तक आप अचैतन्य बने हुए हैं। यहां मैं मुख्य रूप से भावनात्मक दुख की बात कर रहा हूं, क्योंकि वह ही शारीरिक पीड़ा व रोगों का भी मुख्य कारण हुआ करता है। नाराज़गी, रोष, कुढ़न, मनोमालिन्य, नफ़रत, खुद पर तरस खाना, अपराधबोध, क्रोध, अवसाद, ईर्ष्या इत्यादि, और यहां तक कि थोड़ा चिड़चिड़ापन भी – ये सब दुख के ही रूप हैं। और, हर विषयसुख और हर भावनात्मक आवेग भी अपने अंदर दुख का ही बीज

लिए हुए होता है – यानी उसका अपना ही अविभाज्य विलोम, जो कि समय के चलते बाद में प्रकट होगा।

"ऊंचा" उठने के लिए जिसने कभी ड्रग्स लिए हों वह जानता होगा कि वह उठना ही बाद में गिरना बन जाता है, कि विषयसुख बाद में किसी न किसी तरह के दुख में बदल ही जाता है। बहुत से लोगों को अपने अनुभव से यह पता चल गया होगा कि कोई अंतरंग संबंध कितनी आसानी से और कितनी जल्दी सुख के स्रोत से बदल कर दुख का स्रोत बन सकता है। एक उच्चतर दृष्टि से देखें तो नकारात्मक और सकारात्मक दोनों ध्रुव एक ही सिक्के के दो पहलू हैं, दोनों ही उस आधारभूत दुख के भाग हैं जिसे कि चेतना की मन के साथ तादात्म्य रहने वाली अहम्मन्य अवस्था से पृथक नहीं किया जा सकता।

आपके दुख के दो स्तर होते हैं: पहला वह दुख जिसे आप वर्तमान में रचते हैं और दूसरा वह दुख जो कि वैसे तो अतीत से जुड़ा हुआ है लेकिन वह अभी भी आपके तन-मन में बसा हुआ है।

जब तक आप 'अब' की शक्ति को ग्रहण करने में सक्षम नहीं हो जाते तब तक आपके द्वारा महसूस किया गया हर भावनात्मक दुख अपने पीछे अपने अवशेष छोड़ता जाता है और फिर वही अवशेष आपके अंदर जीवित रहा करता है। वह दुख वहां पहले से ही मौजूद अतीत के दुख के साथ मिल जाता है और फिर आपके तन व मन को अपना बसेरा बना लेता है। इन सब दुखों में आपके बचपन में झेले गए वे दुख भी शामिल रहा करते हैं जो कि उस संसार द्वारा अनजाने ही आपको दिए गए होते हैं जिसमें कि आप पैदा हुए थे।

इकट्ठा होता गया यह संचित-दुख एक नकारात्मक पृष्ठभूमि बनकर आपके तन-मन पर कब्जा कर लेता है। अगर आप इसे एक स्वयंभू अदृश्य हस्ती मान लें तो आप वास्तविकता के बहुत निकट पहुंच रहे हैं। यही होता है भावनात्मक संचित-दुख। इस हस्ती के दो रूप होते हैं: सुषुप्त और सक्रिय। हालांकि यह संचित-दुख 90 प्रतिशत समय सुषुप्त अवस्था में ही रहा करता है, लेकिन अति दुखी व्यक्तियों में यह 100 प्रतिशत समय तक भी सक्रिय रह सकता है। कुछ लोग तो पूरी तरह इस

संचित-दुख में ही जिया करते हैं, जब कि अन्य लोग इसे केवल कुछ ख़ास परिस्थितियों में ही महसूस करते हैं, जैसे घनिष्ठ संबंधों में, या पहले हुई किसी क्षति से जुड़े या कुछ खो जाने से जुड़े मामलों में, या किसी शारीरिक या मानसिक आघात इत्यादि के मामलों में। कोई भी बात संचित-दुख को भड़का सकती है – ख़ास तौर पर वह बात जो कि आपके किसी पिछले दुख के रूप में आकर इसके तारों को झनझना देने वाली हो। और, यह भावनात्मक संचित-दुख जब अपनी सुषुप्त अवस्था में से जागने ही वाला हो तब तो आपकी कोई भी याद, या आपके किसी नज़दीकी द्वारा अनजाने में कह दी गई कोई छोटी सी टिप्पणी भी, इसे सक्रिय कर सकती है, भड़का सकती है।

संचित-दुख के साथ रहने वाली अपनी तादात्म्यता को तोड़ डालिए

संचित-दुख कभी नहीं चाहता है कि आप उसे सीधे और साफ़ तौर पर देखें, कि आप उसे ग़ौर से देखें और यह सोचें व समझें कि वह आख़िर है किस लिए। ज्यों ही आप उसका अवलोकन करते हैं, उसके ऊर्जा-क्षेत्र को अपने भीतर महसूस करते हैं, अपना ध्यान, अपनी तवज्जो उस पर टिका देते हैं, त्यों ही उसके साथ आपकी तादात्म्यता, उसके साथ आपके एकाकार होने का आभास टूट कर बिखर जाता है।

तब, चैतन्यता का एक उच्चतर आयाम आपमें प्रवेश कर जाता है। मैं इसे *'प्रेज़ेंस'* कहता हूं – यानी वर्तमान में विद्यमान रहना। तब आप अपने संचित-दुख के साक्षी बन जाते हैं, द्रष्टा और अवलोकनकर्ता बन जाते हैं। अर्थात्, फिर वह दुख 'आप' बन कर आपको इस्तेमाल नहीं कर पाता है, और न ही तब वह आपको खुद की खुराक का ज़रिया ही बना पाता है। तब, आपको अपने ही अंतरतम की शक्ति प्राप्त हो गई होती है।

कुछ संचित-दुख वैसे तो बिल्कुल अप्रिय लगते हैं लेकिन तुलनात्मक रूप से देखें तो वे उतने हानिकर भी नहीं होते – उदाहरण के लिए, वे बिल्कुल उस बच्चे की तरह होते हैं जो कि लगातार झींकता रहता हो, पिन-पिन करता रहता हो। जब कि, अन्य संचित-दुख किसी व्यसन की तरह चिपक जाने वाले होते हैं, वे विनाशकारी दैत्य या सचमुच राक्षस जैसे होते हैं। कुछ तो शारीरिक रूप से प्रचंड हो जाते हैं और बहुत से भावनात्मक रूप से प्रबल हो जाते हैं। कुछ आपके आस-पास वालों पर या निकटवर्ती लोगों पर आक्रमण कर सकते हैं तो कुछ आप पर ही, यानी अपने आश्रयदाता पर, अपने मेज़बान पर, ही हमला बोल सकते हैं। ऐसे समय में अपने जीवन के प्रति आपके विचार तथा आपकी भावनाएं बहुत अधिक नकारात्मक और आत्मघाती हो जाया करती हैं। उस स्थिति में रोग और दुर्घटनाएं अक्सर होने लगती हैं। कुछ संचित-दुख तो अपने मेज़बान को, यानी उस व्यक्ति को ही आत्महत्या करने के लिए उकसाने का काम करने लगते हैं जिसमें वे रह रहे होते हैं।

जब आप ऐसा मानते हैं कि आप अमुक व्यक्ति को जानते हैं लेकिन फिर कभी अचानक ही, और पहली बार ही, आपका वास्ता उसके पराएपन वाले या दुष्टता वाले व्यवहार से हो जाता है, तब आप एकदम दंग रह जाते हैं। लेकिन, अधिक महत्वपूर्ण यह है कि इस सब को किसी दूसरे के बजाय अपने ही अंदर देखना-खोजना चाहिए।

अपने ही अंदर उठने वाले अप्रसन्नता व खेद के लक्षण पर ग़ौर कीजिए – यह आपके संचित-दुख का जाग उठना हो सकता है। वह खुद को किसी भी रूप में प्रकट कर सकता है, जैसे चिड़चिड़ापन, अधीरता, खिन्न-मन होना, किसी को चोट पहुंचाने या ठेस पंहुचाने का मन करना, क्रोध करना, ताव खाना, अवसाद में डूब जाना, अपने संबंधों में कोई बखेड़ा कर देने की तलब महसूस करना, इत्यादि। जब वह अपनी सुषुप्त अवस्था में से जाग रहा हो, उसे आप तभी के तभी पकड़ लीजिए।

अस्तित्व रखने वाली हर हस्ती जैसे जीवित रहना चाहती है, वेसे ही हर संचित-दुख भी जीवित रहना चाहता है, लेकिन वह तभी जीवित रह सकता है जब कि आप बेखुदी में खुद को उसके साथ तादात्म्य हो जाने देते हैं, उसके साथ खुद को एकात्म, एकाकार व एकजान हो जाने देते हैं। तब, वह संचित-दुख उठ खड़ा होता है, आप पर हावी हो जाता है, वह "आप बन जाता है", और फिर वह आप ही के माध्यम से जिया करता है।

उसको अपनी "ख़ुराक" भी आपके ही माध्यम से लेने की आवश्यकता पड़ती है। आपका कोई भी ऐसा एहसास जो कि उसके जैसा ही हो, या कोई भी वह बात जो कि आपके दुख को और बढ़ाने वाली हो – वह ही उसकी ख़ुराक बन जाती है, उसका पोषक बन जाती है, जैसे क्रोध, विनाशकता, तोड़-फोड़, घृणा, शोक, विषाद, भावनात्मक तमाशा, हिंसा, और बीमारी भी। इस तरीके से, संचित-दुख जब आप पर हावी हो जाता है तब वह आपके जीवन में ऐसे हालात पैदा करने लगता है जिनमें कि वह अपनी प्रबलता को बारंबार प्रकट कर सके ताकि उसे अपनी खुराक, अपना पोषण मिलता रह सके। दुख केवल दुख पर ही पलता है, दुख पर ही फलता-फूलता है। वह हर्ष, आह्लाद आनंद इत्यादि पर कभी पहीं पल सकता। उसे ये न तो रुचते हैं और न ही पचते हैं।

जब संचित-दुख आप पर हावी हो जाता है तब आपकी दुख की हवस भी बढ़ने लगती है। तब आप दुख के या तो शिकार बनने लगते हैं या शिकारी। यानी, तब आप या तो खुद ही दुख से दुखी रहना पसंद करने लगते हैं या आप दूसरों को दुख देना चाहने लगते हैं, या दोनों ही स्थितियों में रहने लगते हैं। वैसे, इन दोनों ही स्थितियों में कोई ख़ास अंतर नहीं होता। और, चूंकि उस अवस्था में आपको अपनी मनस्थिति की सुध ही नहीं रहती है इसलिए आप जोर-शोर से यह भी दावा करने लगते हैं कि आपको दुख की चाहना बिल्कुल नहीं है, लेकिन अगर आप बहुत-बहुत ध्यान से देखेंगे तो पायेंगे कि आपकी सोच और आपका व्यवहार कुछ इस तरह के हो गए होते हैं कि आप दुख को न केवल जिंदा रखना चाहते हैं बल्कि उसे जारी भी रखना चाहते हैं – अपने लिए भी और दूसरों के लिए भी। अगर आप इस सब के प्रति सचमुच

सजग रहे *होते* तो आप इस ढर्रे में न पड़ते, बल्कि इससे बाहर निकल आते, क्योंकि और-और दुख चाहना तो एक पागलपन ही है, और सजग रहते कोई पागल नहीं हो सकता।

संचित-दुख आपके अहं द्वारा फैलाया गया अंधेरा ही है, लेकिन वह आपकी चैतन्यता के प्रकाश से डरता है, सचमुच। उसे डर रहता है कि कहीं वह पकड़ा न जाए। उसका अस्तित्व निर्भर ही इस बात पर करता है कि आप अचैतन्य बने रहते हुए उसके साथ तादात्म्यता बनाए रखें, और उसके साथ एकाकार व एकजान हो कर ही जिया करें। और, वह आपके उस अचेतन भय पर भी पलता है जिसे आप अपने अंदर बैठे हुए दुख का सामना करने में महसूस किया करते हैं। लेकिन, अगर आप उस दुख का सामना नहीं करते हैं, अगर आप अपनी चैतन्यता का प्रकाश उस दुख पर नहीं डालते हैं तो फिर आप उस दुख में ही बारंबार या लगातार जीने के लिए बाध्य हो जाया करते हैं। यह संचित-दुख आपको एक ऐसा भयंकर राक्षस लग सकता है जिसे कि आप आंख उठा कर देखने की हिम्मत भी न कर पाते हों, लेकिन मैं आपको विश्वास दिलाता हूं वह तो केवल एक ऐसा हवाई भूत है जो कि आपकी *प्रेज़ैंस* के – वर्तमान में विद्यमान रहने वाली आपकी चैतन्यता के – उजाले में कभी ठहर ही नहीं सकता है।

जब आप अवलोकनकर्ता हो जायेंगे और तादात्म्यता को तोड़ना व छोड़ना आरंभ कर देंगे, तब भी संचित-दुख कुछ समय तक अपनी हरकतें जारी रखेगा और अपने साथ पुनः तादात्म्य कर लेने के लिए आपको बहलाने-फुसलाने की पूरी कोशिश करेगा। हालांकि उसके साथ तादात्म्यता न करने के कारण उसे तब आप कोई ऊर्जा प्रदान नहीं कर रहे होंगे, लेकिन फिर भी पहले से बचा हुआ कुछ बल, कुछ आवेग तो उसमें रह ही रहा रहेगा, बिल्कुल वैसे ही जैसे सूत कातने वाली चरखी तब भी काफ़ी देर तक स्वतः ही घूमती रहती है जब कि उसे घुमाने के लिए आपने ज़ोर लगाना बंद कर दिया होता है। इस अवस्था में, संचित-

दुख आपके शरीर में कुछ पीड़ा, कुछ दर्द भी दे पैदा कर सकता है, हालांकि वे बहुत देर तक टिकने वाले नहीं होते।

आप बस वर्तमान में विद्यमान रहें, चैतन्य बने रहें। अपनी भीतरी रिक्तता के प्रति सजग-सचेत प्रहरी बने रहें। संचित-दुख को सीधे-सीधे तौर पर देखने और उसकी ऊर्जा को महसूस करने के लिए आवश्यक है कि आप पर्याप्त रूप से वर्तमान में विद्यमान रहें। ऐसा होने पर, संचित-दुख आपके विचार को, आपकी सोच को अपने काबू में नहीं कर पायेगा।

जब कभी भी आपकी विचारधारा आपके संचित-दुख के ऊर्जा क्षेत्र में चली जायेगी, तब तुरंत ही आप उसके साथ पुनः तादात्म्य हो जायेंगे, और अपने विचारों द्वारा उसे पुनः खुराक व पानी देने लगेंगे। उदाहरण के लिए, क्रोध अगर संचित-दुख की एक प्रबल व प्रमुख ऊर्जा तरंग है और क्रोध से भरे विचार आपके अंदर चल रहे हैं, तो आपके मन में उमड़-घुमड़ कर यही विचार आते जा रहे होंगे कि अमुक ने आपके साथ क्या किया था या आपको क्या कहा था, और अब आप उस व्यक्ति के साथ क्या करने जा रहे हैं। ऐसी अवस्था में आप चैतन्य नहीं रह जाते हैं, अचैतन्य हो गए होते हैं, और तब आपका संचित-दुख "आप" बन चुका होता है। क्रोध जब भी आता है तो उसके पीछे-पीछे दुख भी चला आता है, अवश्य ही।

या, जब कभी भी आप पर उदासी का भाव छा जाता है और आप नकारात्मक मनोभावना पर चलने लगते हैं और सोचने लगते हैं कि आपका जीवन कितना ख़राब है, तो उस समय आपकी विचारधारा संचित-दुख के साथ जा मिली होती है, और इसलिए आप अचैतन्य हो गए होते हैं और इसलिए अपने ही संचित-दुख के आक्रमण के सहज शिकार हो गए होते हैं।

"अचैतन्य" शब्द का प्रयोग जिस अर्थ में मैं कर रहा हूं वह यह है – अपने ही किसी मानसिक या भावनात्मक स्वरूप के साथ तादात्म्य हो जाना, एकाकार व एकजान हो जाना, यही होता है अचैतन्य हो

जाना। इसमें यह अर्थ भी शामिल रहता है कि अचैतन्य अवस्था में आप, लेशमात्र भी, न तो द्रष्टा रह जाते हैं, न साक्षी और न ही अवलोकनकर्ता।

दुख को चैतन्यता में परिवर्तित कर देना

अपने अवधान में सजग रहने की अवस्था आपके संचित-दुख के और आपकी विचार प्रक्रिया के बीच चलने वाली कड़ी को तोड़ देती है और तब आपके रूपांतरण की प्रक्रिया की शुरुआत हो जाती है। यह बिल्कुल ऐसा है जैसे आपका दुख आपकी चैतन्यता के दीपक में पड़ जाने के पर घी का काम करने लगा हो, और उसके परिणामस्वरूप दीपक की ज्योति और भी अधिक देदीप्यमान हो उठी हो।

कीमियागरी की प्राचीन कला का रहस्यात्मक अर्थ भी यही होता है: साधारण धातु का रूपांतरण करके उसे सोना बना देना, और दुख का रूपांतरण करके उसे चैतन्यता बना देना। इससे आपके भीतर की टूटन भर जाती हैं और आप फिर से अक्षत, अखंड और अविभाजित हो जाते हैं, संपूर्ण हो जाते हैं। लेकिन, तब आपकी यह ज़िम्मेदारी बन जाती है कि आप आगे अब और दुख को पुनः सृजित न करें।

> **अपने अंदर उठने वाले हर मनोभाव पर ध्यान दीजिए।** यह जान लीजिए कि आपका हर मनोभाव आपका संचित-दुख ही होता है। स्वीकार कीजिए कि वह दुख आपके भीतर है। उसके बारे में *सोच-विचार* मत कीजिए – मनोभाव की उस अनुभूति को, उस एहसास को विचार में तब्दील मत होने दीजिए। उसके बारे में न तो कुछ अच्छा-बुरा सोचिए और न ही उसका कोई विश्लेषण कीजिए। उसके साथ अपनी कोई तदात्म्यता मत कीजिए, कोई जुड़ाव न बनाइए। बस यथावत वर्तमान में विद्यमान रहिए, *प्रेजैंट* रहिए, और आपके भीतर जो हो रहा है उसका लगातार अवलोकन करते रहिए।

केवल अपने भावनात्मक दुख के प्रति ही सजग न रहिए बल्कि उसके प्रति भी सजग रहिए जो कि यह "अवलोकन कर रहा है" – यानी मौन द्रष्टा । यही होती है 'अब' की शक्ति, वर्तमान की शक्ति – आपकी ही चैतन्य *प्रेजैंस* की शक्ति। और फिर देखें कि क्या होता है।

संचित-दुख के साथ अहं का तादात्म्य हो जाना

जो तरीका मैंने अभी बताया है वह बहुत सशक्त होने के बावजूद बहुत सरल है। इसे किसी बच्चे को भी सिखाया जा सकता है और हो सकता है कि एक दिन ऐसा भी आए कि स्कूलों में बच्चों को सबसे पहले सिखाई जाने वाली बात यही हो। जो कुछ आपके भीतर घटित हो रहा है, उसे एक अवलोकनकर्ता की तरह, एक द्रष्टा की तरह देखते हुए जब आप वर्तमान में विद्यमान रहने के आधारभूत सिद्धांत को समझ जायेंगे – जब आप इसे स्वयं अनुभूत करते हुए "समझ" चुके होंगे – तब सबसे शक्तिशाली रूपांतरकारी यह साधन आपको उपलब्ध हो जायेगा।

इस बात से इंकार नहीं किया जा सकता कि अपने दुख से अपना तादात्म्य तोड़ते समय आपको अपने ही भीतर से उठने वाले बड़े भारी विरोध-प्रतिरोध का सामना करना पड़ सकता है। यह बात तब ख़ास तौर पर सही सिद्ध हो सकती है कि जब आप अपने जीवन के अधिकांश समय में अपने भावनात्मक संचित-दुख के साथ बड़े प्रगाढ़ रूप से तादात्म्यता में ही रहते आए हों और आपका अपना समूचा या अधिकांश स्वरूप उसी में रमा रहा हो। इसका अर्थ यह है कि अपने दुखी रूप-स्वरूप को आपने अपने संचित-दुख से ही निर्मित कर रखा है और आप यही विश्वास करते आए हैं कि आपके मन द्वारा गढ़ी गई यह कल्पित कहानी ही आपकी असल कहानी है। ऐसी अवस्था में अपनी तादत्म्यता को, अपनी पहचान को, खो देने की नौबत आ जाने पर अचेतन भय इसका जबरदस्त विरोध-प्रतिरोध तो करेगा ही। दूसरे शब्दों में कहें तो ऐसा

लगता है कि आप अपने चिरपरिचित दुखी रूप-स्वरूप को खो देने का जोखिम उठाने और अज्ञात में प्रवेश करने की अपेक्षा उस दुख में ही रमे रहना – यानी संचित-दुख में ही जीना – शायद अधिक पसंद करते हैं।

> **अपने अंदर उठने वाले इस विरोध–प्रतिरोध को ध्यान से देखिए।** अपने दुख के प्रति रहने वाली अपनी आसक्ति को, लगाव को, ध्यान से देखिए। अत्यंत सजग-सचेत हो जाइए। उस ख़ास तरह के सुख की अनुभूति को ध्यान से देखिए जिसे आप दुखी रहने से हासिल करते आए हैं। अपने दुख के बारे में बातें करते रहने या उसके बारे में ही सोचते रहने की अपनी बाध्यता को ध्यान से देखिए। इस सब के प्रति अगर आप चैतन्य हो जाते हैं तो फिर उस विरोध-प्रतिरोध का उठना बंद हो जायेगा।
>
> तब आप अपने संचित-दुख पर ध्यान दे सकते हैं, द्रष्टा भाव से उसके साथ विद्यमान रह सकते हैं, और इस तरह उसके रूपांतरण का शुभारंभ कर सकते हैं।

केवल *आप* ही यह कर सकते हैं। कोई और यह *आपके लिए* नहीं कर सकता। हां, सौभाग्य से अगर आपको ऐसा कोई मिल जाता है जो कि गहराई तक चैतन्य है, और अगर आप ऐसे चैतन्य व्यक्तियों के साथ रहने लगते हैं और वर्तमान में विद्यमान रहते हुए उनसे जुड़े रहते हैं तो वह स्थिति आपके लिए मददगार अवश्य हो सकती है, और तब इस दिशा में प्रगति भी शीघ्र हो सकती है। तब, आपका अपना प्रकाश तीव्रता से तेज़ होता जायेगा। लकड़ी के जिस लट्ठे ने सुलगना शुरू ही किया हो, उसे अगर किसी ऐसे लट्ठे के साथ रख दिया जाए जो कि पहले से ही प्रचंड रूप से जल रहा हो, तो कुछ देर बाद उन्हें पुनः अलग कर दिए जाने पर सुलगना शुरू करने वाला वह लट्ठा भी अधिक प्रचंडता से जल रहा होता है। अख़िर, यह भी तो वैसी ही आग है। खुद ऐसी आग बन जाना ही आध्यात्मिक गुरू का काम होता है। कुछ चिकित्सक भी यह काम बखूबी निबाह सकते हैं, बशर्ते वे मन के स्तर से ऊपर उठ चुके

हों और जिस समय वे आपके साथ काम कर रहे हों उस दौरान वे प्रबल विद्यमानता की अवस्था का सृजन भी कर सकते हों और उसे बनाए भी रख सकते हों।

याद रखी जाने वाली पहली बात तो यह है कि जब तक आप दुख के साथ तादात्म्यता बनाए रखेंगे, यानी दुख को ही अपना सच्चा स्वरूप मानते रहेंगे, तब तक आप उसके चंगुल से छूट नहीं सकेंगे। जब तक आपके मन का कोई अंश भावनात्मक दुख में निमग्न रहेगा, तब तक दुख के घाव भरने के लिए किए जाने वाले हर प्रयास का आप अनजाने ही प्रतिरोध करते रहेंगे या उन पर पानी फेरते रहेंगे।

ऐसा आखिर क्यों? इसका सीधा-सीधा कारण है – क्योंकि आप खुद को जस का तस रखना चाहते हैं, क्योंकि दुख आपका अभिन्न अंग बन चुका है। ऐसा होना एक अचेतन प्रक्रिया का परिणाम होता है, और इसमें से निकलने का एकमात्र तरीका है इस प्रक्रिया के प्रति आपका चैतन्य हो जाना, सजग हो जाना।

वर्तमान में विद्यमान रहने पर आपको प्राप्त होने वाली शक्ति

अचानक यह देखना कि आप अपने दुख के प्रति आसक्त हैं, उससे चिपके हुए, हैं, या आसक्त ही रहते आए हैं, यह देख लेना आपके लिए एकदम एक सदमे जैसा हो सकता है। लेकिन, ज्यों ही आपको इस बात का बोध होगा, त्यों ही आप उस आसक्ति से मुक्त हो जायेगे।

यह संचित-दुख एक प्रकार का ऊर्जा क्षेत्र होता है, बिल्कुल ऐसे जैसे कि उसका एक अस्तित्व हो और जो अस्थाई रूप से आपके आंतरिक आकाश में आ बसा हो। यह वह जीवन शक्ति है जो कि जाल में फंस गई है, वह शक्ति जो अब फल-फूल नहीं रही है।

निश्चय ही, संचित-दुख उन कुछ बातों के कारण से होता है जो कि अतीत में हुई होती हैं। यह आपके अंदर पलता हुआ जीवित अतीत ही है, और अगर आप इसके साथ तादात्म्य हो जाते हैं तो इसका अर्थ यह है कि आप अतीत के साथ ही तादात्म्य हो रहे होते हैं – यानी खुद को शिकार मान बैठना और यह विश्वास कर लेना कि वर्तमान की अपेक्षा अतीत अधिक सबल व सशक्त है – हालांकि यह बात सत्य के विपरीत है। यह भी मात्र एक विश्वास ही तो है कि दूसरे लोग और आपके प्रति उनके द्वारा किए गए कार्य ही ज़िम्मेदार हैं आपके उस हाल के लिए जो कि आप अब हैं, और आपके भावनात्मक दुख के लिए, और आपके अपने वास्तविक स्वरूप में न हो पाने के लिए।

जब कि, सच तो यह है कि जो एकमात्र शक्ति उपलब्ध है वह तो इस पल में, यानी वर्तमान पल में ही समाई हुई है। वह आपकी *प्रेज़ैंस* की शक्ति है। जब आप इसे जान जायेंगे तब आप यह भी जान जायेंगे कि आपके अंदर के आकाश के लिए *आप* ही ज़िम्मेदार हैं – और कोई नहीं, और यह भी जान जायेंगे कि अतीत 'अब' की ताक़त के सामने ठहर नहीं सकता है।

अचैतन्यता ही इस दुख को रचती है, लेकिन चैतन्यता इसे रूपांतरित करके स्वयं में विलीन कर लेती है, यानी वह इसे भी चैतन्य बना देती है। संत पॉल ने इस सर्वमान्य सिद्धांत को बड़े ही सुंदर शब्दों में व्यक्त किया है – "कोई भी चीज़ तभी दिखाई देती है जब उस पर प्रकाश पड़ता है, और हर वह चीज़ जो इस प्रकार प्रकाशित हो जाती है वह स्वयं प्रकाशमय हो जाती है।"

जिस तरह अंधेरे से आपका जूझना बेकार है, उसी तरह संचित-दुख से भी आपका संघर्ष करना बेकार चला जाता है। यह कोशिश तो आपमें एक आंतरिक द्वंद्व पैदा कर देती है और वह द्वंद्व आपके संचित-दुख में वृद्धि करने वाला ही सिद्ध होता है। संचित-दुख को तो बस ध्यानपूर्वक देखना ही काफ़ी होता है। ध्यान से देखने का तात्पर्य है – इस पल *जो है* के एक हिस्से के रूप में उसे स्वीकार कर लेना।

अध्याय सात

लत जैसे संबंध से एन्लाइटेन्ड संबंध की ओर

प्रेम/अप्रेम वाले संबंध

जब तक कि आप *प्रेज़ैंस* की, वर्तमान में विद्यमान रहने वाली चैतन्य अवस्था में नहीं पहुंच जाते तब तक आपके सभी संबंधों में, विशेषकर घनिष्ठ संबंधों में, टूटन व झीजन बढ़ती ही जाती है, और अंततः वे बिखर जाते हैं। कुछ समय के लिए, वे संबंध भले ही बिल्कुल दुरुस्त नज़र आते हों, जैसे कि जब आप "प्रेममय" हों, लेकिन, ऊपर-ऊपर से दिखाई देते इस दुरुस्तपन में तब, निरपवाद रूप से, दरारें पड़ने लगती हैं जब आए दिन होने वाली वाद-विवाद की, टकराव की, असंतोष की, भावनात्मक हिंसा की, और शारीरिक हिंसा की भी, घटनाएं बढ़ती चली जाती हैं।

ऐसा लगता है कि ज़्यादातर "प्रेम संबंध" लंबा चलने से पहले ही प्रेम/अप्रेम वाले संबंधों में बदल जाते हैं। तब, ज़रा सा बटन दबते ही, वह प्रेम-संबंध उग्र, क्रूर व आक्रामक हो उठता है, उसमें शत्रु-भाव पनपने लगता है, या वह अनुराग से अपने कदम पूरी तरह वापस खींच लेता है। लेकिन, इसे सामान्य सी बात मान लिया जाता है।

अपने संबंध में अगर आप दोनों को महसूस करते हैं, यानी "प्रेम" को भी और प्रेम के विरोधी – आक्रामकता, भावनात्मक हिंसा इत्यादि – को भी, तब संभावना यही है कि आप अहं-आसक्ति और लत जैसे लगाव को

ही भ्रमवश प्रेम समझ रहे हैं। सच्चे प्रेम का कोई विलोम, कोई विपरीत या विपक्ष नहीं होता। यदि आपके "प्रेम" में कुछ भी ऐसा है जो "अप्रेम" के अंतर्गत आता है, तो आपका "प्रेम" प्रेम नहीं है बल्कि वह तो आपके गहन अहं के भाव के वास्ते अधिक पूर्णता पाने के लिए एक प्रचंड अहं की आवश्यकता वाला भाव ही है, वह अभाव वाला तथा आवश्यकता वाला एक ऐसा भाव है जिसके अभाव और आवश्यकता को सामने वाला अस्थाई रूप से पूरा कर रहा होता है। अहं इसे मुक्ति का विकल्प मानता है, और एक अल्प अवधि के लिए तो यह मुक्ति जैसा एहसास देता भी है।

लेकिन एक समय ऐसा भी आता है जब आपका साथी कुछ इस तरह का बर्ताव करने लगता है जो कि आपकी आवश्यकताओं को, अपितु आपके अहं की आवश्यकताओं को, पूरा नहीं करता। तब भय, दुख, और अभाव, जो कि होते तो अहम्मन्य मन के ही अंतरंग अंग हैं लेकिन "प्रेम संबंध" द्वारा ढक दिए गए होते हैं, वे सब पुनः सतह पर आ जाते हैं।

जैसा कि हर लत और व्यसन के साथ होता है कि जब ड्रग आपको मिल जाती है तब तो आप उसकी खुशी और खुमार में रहते हैं, लेकिन निश्चय ही, एक समय ऐसा भी आता है जब वह ड्रग आपके लिए काम करना बंद कर देती है।

ऐसे में वे पुराने दुख पुनः आ धमकते हैं, और तब आप उनकी चुभन पहले के मुकाबले कहीं अधिक शिद्दत से महसूस किया करते हैं; और जो बात तब और भी अधिक परेशान करने वाली होती है वह यह है कि आप अपने साथी को ही इन दुखों का *कारण* मानने लगते हैं। इसका मतलब यह है कि आप उन दुखों को बाहर की तरफ़ फेंकने लगते हैं और अपने साथी पर हर उस चीज़ के साथ जंगली हिंसा वाला आक्रमण करने लगते हैं जो कि आपके ही दुख-दर्द का हिस्सा होती हैं।

आपका यह आक्रमण आपके साथी के दुख को भी जगा सकता है, और इसलिए हो सकता है कि वह भी आपके आक्रमण का जवाब आक्रमण से ही देने लगे। इस बिंदु पर आकर भी, आपका अहं अचैतन्य रूप से यही आशा कर रहा होता है कि इन सब गड़बड़ियों पर किया जाने वाला उसका आक्रमण या आक्रमण के प्रयास आपके साथी के व्यवहार में

बदलाव लाने के लिए पर्याप्त दंड सिद्ध होंगे, ताकि आपका अहं उनका प्रयोग आपके दुखों पर पर्दा डालने के लिए फिर से कर सके।

कोई भी लत पैदा ही तब होती है जब आप अपनी किसी वेदना का, अपने किसी दुख-दर्द का, सामना करने और उसमें से होकर गुज़रने से इंकार कर देते हैं। हर एक लत किसी पीड़ा, किसी दुख के साथ शुरू होती है और दुख के साथ ही समाप्त होती है। जिस भी चीज़ की लत आपको लगी हो, जिस भी चीज़ का चस्का आपको लगा हो – चाहे वह शराब पीना हो, कुछ खाना हो, वैध-अवैध ड्रग्स का सेवन करना हो या कोई व्यक्ति हो – आप अपने दुख पर पर्दा के लिए ही उस वस्तु या उस व्यक्ति का इस्तेमाल कर रहे होते हैं।

यही कारण है कि किसी अंतरंग संबंध की शुरुआती सुख-भ्रांति वाली अवधि बीत जाने के बाद, उसमें अत्यधिक अप्रसन्नता, अप्रियता, खेद और वेदना भरने लगती है। दरअसल, आपके संबंध उस खेद और वेदना का कारण नहीं होते हैं, बल्कि वे तो उस खेद, वेदना, अप्रसन्नता, अप्रियता आदि को प्रकाशित कर रहे होते हैं जो कि आपके अंदर पहले से ही विद्यमान थी। हर एक लत यही करती है। हर एक लत एक ऐसे मुकाम पर पहुंच ही जाती है जहां वह आपके लिए काम करना बंद कर देती है, और तब आपको अपनी वेदना, अपने दुख-दर्द और भी अधिक चुभीले लगने लगते हैं।

यह एक कारण है कि क्यों लोग हमेशा ही वर्तमान तथा विद्यमान पल से पलायन करने की, और भविष्य में किसी प्रकार की मुक्ति की तलाश करने की कोशिश में लगे रहते हैं। अगर वे अपने अवधान का फ़ोकस 'अब' पर कर लें तो जिस पहली चीज़ का सामना उनको करना होगा वह है उनका अपना ही दुख, अपनी ही वेदना, लेकिन यही वह चीज़ है जिससे वे ख़ौफ़ खाते हैं। काश वे यह जानते कि 'अब' में रहना कितना आसान है, *प्रेज़ेंस* की, वर्तमान में विद्यमान रहने की, उस शक्ति के साथ रहना बहुत आसान है जो कि अतीत का तथा उसके दुखों का अंत करने वाली होती है, यह वह वास्तविकता है जो भ्रम-भ्रांति को दूर कर देती है। काश, वे जानते कि 'अब' में वे अपने सच्चे स्वरूप के कितने निकट रहते हैं, ईश्वर के कितने निकट रहते हैं।

वेदना से, दुख-दर्द से, बचने की कोशिश में खुद को संबंध से अलग कर लेना भी कोई समाधान नहीं है। वेदना और दुख तो तब भी मौजूद रहेंगे ही। किसी निर्जन द्वीप पर तीन साल बिताने या खुद को तीन साल के लिए अपने कमरे में बंद कर लेने की अपेक्षा कई साल के तीन असफल संबंध आपमें जागरण पैदा करने की अधिक क्षमता रखते हैं। लेकिन, अगर आप अपने अकेलेपन में भी सघन रूप से *प्रेजैंट* रहते हैं, तो वह भी आपमें जागरण करने का काम करेगा।

लत जैसे संबंध से *एन्लाइटेन्ड* संबंध की ओर

भले ही आप अकेले रह रहे हों या अपने साथी यानी पति अथवा पत्नी के साथ रह रहे हों, जो बात सबसे महत्वपूर्ण है वह है: 'अब' में गहरे से गहरे तक अपने अवधान को लगाते हुए *प्रेज़ैंट* रहना और उस *प्रेज़ैंस* को घनीभूत करते जाना।

प्रेम के फलने-फूलने के लिए आपकी *प्रेज़ैंस* का प्रकाश काफ़ी तेज़ होना चाहिए ताकि विचारकर्ता या संचित-दुख आपके ऊपर हावी न होने पाएं और ग़लती से भी कभी आप यह न समझ बैठें कि विचारकर्ता और संचित-दुख आप ही हैं।

विचारकर्ता के तले *बीइंग* के रूप में खुद को पहचान लेना, मानसिक कोलाहल के तले नीरवता व निःशब्दता को पहचान लेना, दुख-दर्द के तले प्रेम और आनंद को पहचान लेना – यही स्वतंत्रता है, मुक्ति है, *एन्लाइटेनमैंट* है।

संचित-दुख के साथ खुद की तादात्म्यता को तोड़ देना ही उस दुख में अपनी *प्रेज़ैंस* को ले आना होता है और इस प्रकार से दुख का तत्वांतरण कर देना होता है। विचार प्रक्रिया से अपनी तादात्म्यता को तोड़ देना ही अपने विचार और व्यवहार का मूक साक्षी बन जाना होता है, – विशेषकर अपने मन के बार-बार दोहराए जाने वाले ढर्रे का और अहं

द्वारा किए जा रहे नाटक का मूक साक्षी होना होता है यह।

अगर आप इन सब को, यानी अहं को और उसके नाटक को, अपनी "निजता" के साथ जोड़ना बंद कर दें तो मन अपनी लत जैसी प्रवृत्ति को खो देता है – जो कि मूलतः निर्णय-निष्कर्ष निकालना ही होता है, और इसीलिए वह *जो है* के प्रति प्रतिरोध किया करता है; और इसी कारण से उत्पन्न होते हैं द्वंद्व, टकराव, तमाशे और नए-नए दुख। दरअसल, *जो है* को स्वीकार करने के कारण ज्यों ही आप निर्णय-निष्कर्ष लेना बंद करते हैं, त्यों ही आपका मन मुक्त हो जाता है। तब आपने प्रेम, आनंद और शांति के आने के लिए खाली स्थान उपलब्ध करा दिया होता है।

सबसे पहले तो आप खुद के बारे में कोई निष्कर्ष निकालना बंद कर दें, फिर अपने साथी के लिए कोई निष्कर्ष निकालना बंद करें। किसी संबंध में बदलाव लाने के लिए सबसे बड़ा उत्प्रेरक होता है: अपने साथी को पूरी तरह स्वीकार करना, जैसा भी या जैसी भी वह है – उसके बारे में कोई निर्णय-निष्कर्ष निकालने की या उसमें किसी भी तरह का कोई परिवर्तन लाने की आवश्यकता महसूस किए बिना ही उसे पूरी तरह स्वीकार करना।

ऐसा करना आपको तुरंत ही अहं के पार ले जाता है, और मन के सारे प्रपंचों का तथा आसक्ति वाले व्यसन का खेल ख़त्म हो जाता है। फिर न कोई शिकार रहता है और न कोई शिकारी, न कोई आरोपक रहता है और न कोई आरोपी।

इससे हर तरह की परस्पर निर्भरता भी समाप्त हो जाती है, और किसी दूसरे के अचेतन तौर-तरीको के अनुसार ढलते रहने का सिलसिला भी ख़त्म हो जाता है। तब आप या तो अलग हो जाते हैं – प्रेम में – या 'अब' में रहते हुए साथ-साथ *बीइंग* में गहरे और गहरे उतर जाते हैं। क्या यह करना इतना सीधा-सरल है? जी हां, यह इतना सीधा-सरल ही है।

प्रेम तो *बीइंग* की एक अवस्था है। आपका प्रेम कहीं बाहर नहीं है; वह तो आपके ही भीतर गहराई में है। आप उसको कभी नहीं खो सकते हैं, और न ही वह आपको छोड़ कर जा सकता है। वह किसी अन्य व्यक्ति पर या किसी बाहरी स्वरूप पर निर्भर नहीं रहा करता है।

अपनी *प्रेज़ैंस* की शांत अवस्था में, आप अपनी स्वयं की नाम-रूप रहित वाली तथा समयनिरपेक्ष वाली वास्तविकता को एक ऐसे अप्रकट जीवन के रूप में अनुभूत कर सकते हैं जो आपके शारीरिक स्वरूप में प्राण डालता है। तब आप हर इंसान के और हर प्राणी के भीतर जीवन की वही गहराई महसूस करने लगते हैं। तब आप पृथकता और रूप-स्वरूप के पर्दे के पार देख पाते हैं। यही होता है एकत्व का बोध। यही होता है प्रेम।

कभी-कभार, प्रेम की थोड़ी सी एक झलक मिल जाना भले ही संभव हो जाए, लेकिन प्रेम तब तक फल-फूल नहीं सकता जब तक कि आप अपने मन के साथ कर ली गई तादात्म्यता से पूरी तरह मुक्त नहीं हो जाते, और जब तक आपकी *प्रेज़ैंस* पर्याप्त रूप से इतनी सघन नहीं हो जाती कि वह संचित-दुख का अंत कर दे – या जब तक कि कम से कम आप एक द्रष्टा की तरह तो *प्रेज़ैंट* रह ही सकें। तब, संचित-दुख आप पर हावी नहीं हो सकेंगे, और इसलिए वे प्रेमघाती भी नहीं हो सकेंगे।

संबंध – आध्यात्मिक साधना के रूप में

खुद को अपने मन से तादात्म्य कर लेना चूंकि लोगों में बढ़ता ही जा रहा है, इसलिए अधिकांश संबंधों की जड़ें *बीइंग* तक पहुंच ही नहीं पाती हैं, और इसलिए संबंध समस्याओं और टकरावों के वशीभूत होकर दुख-दर्द में तब्दील होते जा रहे हैं।

अगर संबंध हमारे अहम्मन्य मन को और उसके तौर-तरीकों को

बल दे रहे हों, उन्हें बड़ा बना रहे हों, और इस तरह संचित-दुख को जगा कर सक्रिय कर रहे हों, तब ऐसे संबंधों से पलायन करने के बजाय, क्यों न इस सच को स्वीकार कर लिया जाए? अपनी समस्या के समाधान के रूप में या परिपूर्णता वाला एहसास पाने के साधन के रूप में, उस संबंध से किनारा करने के बजाय, या एक आदर्श जोड़ीदार वाली मृगमरीचिका के पाछे भागते रहने के बजाय, क्यों न उसके साथ सहयोग किया जाए?

तथ्यों को समझ लेने से और उन्हें स्वीकार कर लेने से किसी हद तक उनसे स्वतंत्रता भी मिल जाती है। उदाहरण के लिए, जब आप *जान जाते हैं* कि संबंधों में सामंजस्यता व सुसंगति नहीं रही है, यानी उनके सुर बिगड़ गए हैं, उनमें तालमेल नहीं रहा है, और जब इस "जानने" को आप संभाले रखते हैं; तब उस जानने के माध्यम से एक नया ही तत्व प्रवेश करता है, और तब उस असामंजस्यता व असंगति में बदलाव आए बिना नहीं रहता।

जब आप यह *जान जाते हैं* कि आप अशांत हैं, तब आपका यह जानना ही एक ऐसा शांत आकाश निर्मित कर देता है जो आपकी अशांति को अपने प्रेमपूर्ण व मृदुल आलिंगन में ले लेता है और इस तरह आपकी अशांतता को शांतता में बदल देता है।

जहां तक आंतरिक रूपांतरण की बात है, उसमें आपके लिए कुछ *कर सकने* जैसा कुछ नहीं होता। निश्चय ही, आप खुद का रूपांतरण नहीं कर सकते, और न ही अपने जोड़ीदार का या किसी और का रूपांतरण कर सकते हैं। आप बस इतना *कर सकते* हैं कि ऐसा एक रिक्त स्थान बनाएं जिसमें क्षमा, अनुकूलता व प्रेम प्रवेश कर सके, ताकि रूपांतरण हो सके।

तो, जब कभी भी आपका संबंध सुचारू रूप से न चल रहा हो, जब भी वह आपके व आपके जोड़ीदार के अंदर मौजूद "पागलपन" को बाहर लाने लगे तो खुश हो जाइए, क्योंकि जो कुछ अचेतन में दफ़न था वह

प्रकाश में लाया जा रहा होता है। यह तो उस पागलपन से मुक्ति का एक अवसर ही होता है।

> **प्रत्यक्ष पल का ज्ञान आपको हर पल रहना चाहिए** – ख़ास तौर से अपने अंतर्मन की दशा का ज्ञान। अगर उस पल में क्रोध है, तो यह जान रखिए कि उसमें क्रोध है। अगर उस पल में ईर्ष्या, प्रतिवाद, वादविवाद करने की सनक है, खुद को सही सिद्ध करने की ललक है, अगर उस पल में प्रेम की व तवज्जो की चाहत रखने वाला बचकाना स्वभाव है, या किसी भी तरह का कोई दुख-दर्द है – यानी, जो कुछ भी है, तो उस प्रत्यक्ष पल की वास्तविकता को *जानिए* और उस ज्ञान को समझिए।

तब, वह संबंध आपकी साधना बन जाता है, आपकी आध्यात्मिक साधना। जब आप अपने जोड़ीदार में कोई अचैतन्य व्यवहार देखें तो इस बात को अपने ज्ञान के प्रेमपूर्ण आलिंगन में रखें ताकि आप कोई प्रतिक्रिया न करें।

अचेतना और जानना लंबे समय तक साथ-साथ नहीं रह सकते – भले ही वह जानना दूसरे व्यक्ति में हो न कि उसमें जो कि अचैतन्य रूप में व्यवहार कर रहा है। बल का वह रूप जो उग्रता तथा आक्रामकता के पीछे रहा करता है, उसके लिए प्रेम की विद्यमानता बिल्कुल असहनीय होती है। अपने जोड़ीदार की अचैतन्यता के प्रति भड़क कर जब आप प्रतिक्रिया करते हैं तब आप भी तो अचैतन्य ही हो गए होते हैं। लेकिन अगर ऐसे में अपनी प्रतिक्रिया को *जानना* आपको याद रहता है तब आपका कुछ बिगाड़ नहीं होता।

संबंध इतने समस्याग्रस्त और द्वंद्व भरे कभी नहीं रहे जितने कि वे आज हैं। अगर आपने ध्यान दिया हो तो देखा होगा कि उनका अस्तित्व आपको सुख व खुशी देने के लिए, या पूर्णता देने के लिए नहीं है। अगर किसी संबंध के माध्यम से आप दुख से मुक्त होने के लक्ष्य को पाने की कोशिश में लगे रहेंगे तो बारंबार आपका मोहभंग ही

होता रहेगा। लेकिन, जब आप यह बात स्वीकार कर लेंगे कि संबंध आपको सुखी व खुश करने के लिए नहीं हैं बल्कि आपको चैतन्य रखने के लिए हैं तब संबंध आपको मुक्ति प्रदान करेगा, और तब आप स्वयं को उच्चतर चेतना के उस स्तर पर ला रहे होंगे जो इस संसार में आना चाहती है।

लेकिन, जो लोग पुराने ही ढर्रे को थामे रहते हैं उनके लिए दुख-दर्द, भ्रम-भ्रांति और पागलपन बढ़ता ही जाता है।

अपने जीवन को एक आध्यात्मिक साधना बनाने के लिए आपको भला कितने लोग चाहिएं? अगर आपका जोड़ीदार इसमें सहयोग नहीं भी कर रहा हो तो बुरा मत मानिए। अविक्षिप्तता तथा विवेकशीलता – यानी चैतन्यता – इस संसार में केवल आपके माध्यम से ही आ सकती है। आपको इस बात की प्रतीक्षा करने की आवश्यकता नहीं है कि जब सारा संसार विवेकशील हो जायेगा या कोई और व्यक्ति चैतन्य हो जायेगा तब कहीं आप *एन्लाइटेन्ड* हो पायेंगे। फिर तो आप जीवन भर प्रतीक्षा में ही बैठे रहेंगे।

एक दूसरे पर अचैतन्य होने का दोषारोपण मत करते रहिए। जब भी आप वादविवाद में पड़ जाते हैं, तब आप अपनी किसी मानसिक अवस्था के साथ तादात्म्य हो गए होते हैं, और फिर आप न केवल उस बात को बल्कि अपने अहं भाव को भी बचाने में लग जाया करते हैं। ऐसे में, बागडोर अहं के हाथ में चली जाती है। आप अचैतन्य हो गए होते हैं। कई बार यही वह सही अवसर होता है जब आप अपने जोड़ीदार के व्यवहार के कुछ पहलुओं की ओर इशारा कर सकते हैं। अगर आप सजग-सचेत हैं, पूरी तरह से *प्रेज़ैंट* हैं तो आप अहं को बीच में लाए बिना भी ऐसा कर सकते हैं – यानी कोई दोषारोपण किए बिना, कोई निंदा-आलोचना किए बिना या उसे ग़लत ठहराए बिना भी आप ऐसा कर सकते हैं।

जब आपका जोड़ीदार अचैतन्य रूप से व्यवहार करे तो कोई निर्णय-निष्कर्ष मत निकालिए। निर्णय-निष्कर्ष निकालना या तो दूसरे के अचैतन्य व्यवहार के और जो वह है के बीच भ्रम पैदा करना होता

है, या दूसरे पर अपनी ही अचैतन्यता को थोप देना होता है, और ऐसा करना उन्हें ही अचैतन्य समझने की गलती करना होता है।

निर्णय-निष्कर्ष न लेने का अर्थ यह बिल्कुल नहीं है कि जब आप किसी गड़बड़ी या अचैतन्यता को देखें तो उसे उसी रूप में न आंकें, बल्कि इस का अर्थ है निर्णय-निष्कर्ष लेकर "प्रतिक्रिया करने" के बजाय "जानना"। ऐसा करने पर या तो आप प्रतिक्रिया से पूरी तरह मुक्त रहेंगे या आप प्रतिक्रिया के बावजूद "जानकार" रहेंगे – यह वह आकाश होगा जिसमें कि प्रतिक्रिया का अवलोकन भी होगा और उसे होने भी दिया जायेगा। तब, अंधेरे से जूझने के बजाय आप प्रकाश ला रहे होंगे। मतिभ्रम पर भड़क उठने के बजाय आप मतिभ्रम को देखने के साथ-साथ उसमें से पार भी देख रहे होंगे।

"जानना" प्रेमपूर्ण *प्रेज़ैंस* का एक ऐसे निरभ्र, निर्मल व स्वच्छ आकाश की रचना करता है जिसमें सभी चीज़ों और सभी लोगों को वैसे ही रहने दिया जाता है जैसे कि वे हैं। उन्हें बदलने वाला कोई बड़ा उत्प्रेरक वहां नहीं रहता है। अगर आप यह अभ्यास करें तो ऐसा नहीं हो सकता कि आपका जोड़ीदार आपके साथ भी रहे और अचैतन्य ही रहे।

अगर आप दोनों ही इस बात पर सहमत हो जाते हैं कि आपका संबंध आपकी आध्यात्मिक साधना बन जाए, तो यह तो सबसे अच्छी बात होगी। तब, ज्यों ही कोई विचार या कोई भाव उठेगा, या कोई प्रतिक्रिया उठेगी तो उसे आप एक दूसरे को अभिव्यक्त कर सकेंगे, बता सकेंगे, ताकि आप समय का ऐसा अंतराल न बनने दें जिसमें कि अभिव्यक्त न की गई व दबाई गई कोई भावना एक व्यथा या शिकायत बन जाए, एक घाव बन जाए।

यह बात सीखिए कि जो कुछ आप महसूस कर रहे हैं उसे बिना कोई दोषारोपण के कैसे अभिव्यक्त किया जाए। यह सीखिए कि अपने जोड़ीदार को मुक्त भाव से कैसे सुना जाए – और वह सुनना भी अपने मन में अपने बचाव के लिए कोई मोर्चाबंदी किए बिना ही हो।

> अपने जोड़ीदार को अपनी बात अभिव्यक्त करने देने के लिए स्थान दीजिए। *प्रेज़ैंट* रहिए। निंदा-अलोचना करना, अपना बचाव करना यानी खुद को सही सिद्ध करना, आक्रामक होना – ये सब तौर-तरीके वे हैं जो अहं को पुष्ट करने या उसका बचाव करने या उसकी अवश्यकताओं की पूर्ति करने के लिए बनाए गए हैं, लेकिन तब ये सभी फ़ालतू की, बेकार की चीज़ें हो जाते हैं। दूसरों को – और खुद को भी – रिक्त स्थान उपलब्ध कराना – यह बहुत महत्वपूर्ण है, अत्यावश्यक है। इसके बिना प्रेम फल-फूल नहीं सकता।

संबंधों का विध्वंस करने वाले इन दो कारकों को जब आप हटा व मिटा देते हैं – यानी, अगर आप अपने संचित-दुख का तत्वांतरण कर देते हैं और अपने मन व मनोदशा के साथ अपनी तादात्म्यता से हमेशा के लिए बाहर आ जाते हैं – और आपके जोड़ीदार ने भी ऐसा कर लिया होता है, तब आप अपने संबंध के पल्लवित-पुष्पित होने का आनंद अनुभव कर सकते हैं। एक दूसरे को उसकी पीड़ा और उसकी अचैतन्यता का आईना दिखाने के बजाय, एक दूसरे से अपने अहं की लत जैसी ज़रूरतों को पूरा कराने के बजाय, तब आप एक दूसरे के प्रति वह प्रेम प्रतिबिंबित करेंगे जिसे आप अपने भीतर गहरे में महसूस करते हैं, वह प्रेम जो आप सर्वस्व के साथ अपने एकत्व का भान हो जाने पर करते हैं।

यही वह प्रेम है जिसका न कोई विलोम है और न कुछ विपरीत है।

अगर आप का जोड़ीदार तब भी अपने मन के साथ और अपने संचित-दुख के साथ तादात्म्यता बनाए हुए हो जब कि आप उस सब से मुक्त व स्वतंत्र हो चुके हों, तब यह एक बड़ी चुनौती होगी, आपके लिए नहीं बल्कि आपके जोड़ीदार के लिए। किसी *एन्लाइटेन्ड* व्यक्ति के साथ रहना कोई आसान बात नहीं होती, बल्कि कहें कि उसके साथ रहना उसके जोड़ीदार के अहं के लिए एक बड़ा ख़तरा बन जाता है – बिना कुछ किए ही।

याद रखिए कि अहं को समस्याओं के रूप में, द्वंद्व व टकराव के रूप में, और "शत्रुओं" के रूप में अपनी खुराक चाहिए होती है ताकि वह अलगाव की उस भावना को पुष्ट कर सके जिस पर कि उसकी अपनी पहचान निर्भर रहा करती है। तब, *एन्लाइटेन्ड* व्यक्ति का जोड़ीदार बुरी तरह खिन्न रहने लगता है क्योंकि उसकी अड़ियल बातों का कोई प्रतिरोध ही नहीं किया जा रहा होता है, जिसका अर्थ यह होगा कि उसकी ऐसी बातें डावांडोल होने लगेंगी और कमज़ोर होती चली जायेंगी, और यह "ख़तरा" भी हो सकता है कि कहीं वे पूरी तरह धराशायी ही न हो जाएं। इसका परिणाम यह होगा कि उसके अहं को नुकसान पहुंचेगा।

संचित-दुख बारंबार व लगातार खुराक चाहते रहते हैं लकिन *एन्लाइटेन्ड* व्यक्ति के साथ रहते हुए वह खुराक उन्हें मिल नहीं पाती है। वादविवाद, बहसबाज़ी, नाटक, तमाशा, द्वंद्व और टकराव की उसकी आकांक्षा व आवश्यकता पूरी ही नहीं होती हैं।

खुद के साथ संबंध को खत्म कर दीजिए

चाहे आप *एन्लाइटेन्ड* हैं या नहीं हैं, लेकिन आप या तो एक पुरुष हैं या एक स्त्री हैं, और इस तरह अपनी नाम-रूप वाली पहचान के स्तर पर आप पूर्ण नहीं हैं। आप पूर्ण का आधा भाग हैं। यही आधा-अधूरापन स्त्री-पुरुष के आकर्षण के रूप में प्रकट होता है, विपरीत शक्ति वाले ध्रुव के प्रति खिंचाव के रूप में – भले ही आप कितने भी चैतन्य क्यों न हों। लेकिन उस आंतरिक जुड़ाव की अवस्था में, आप यह खिंचाव अपने जीवन में सतही तौर पर भी कहीं महसूस किया करते हैं।

इस बात का अर्थ यह नहीं है कि आप अन्य लोगों से या अपने जोड़ीदार से गहराई तक न जुड़ें। दरअसल, आप गहरे तक *केवल* तभी जुड़ सकते हैं जब आप *बीइंग* के प्रति चैतन्य रहते हैं। *बीइंग* में होते हुए आप नाम-रूप के पर्दे के पार भी फ़ोकस कर सकते हैं। *बीइंग* में रहते हुए पुरुष और स्त्री एक समान रहते हैं। आपके नाम-रूप के लिए तो कुछ

आवश्यकताओं का होना जारी रहेगा, लेकिन *बीइंग* की कोई आवश्यकता नहीं होती। वह तो पहले से ही संपन्न है, संपूर्ण है। वे आवश्यकताएं पूरी हो जाएं तो अच्छी बात है लेकिन उनके पूरे होने या न होने से आपकी गहरी आंतरिक अवस्था पर कोई अंतर नहीं पड़ता है।

इसलिए, एक *एन्लाइटेन्ड* व्यक्ति के लिए यह बिल्कुल संभव है कि यदि पुरुष या स्त्री वाला उसका आकर्षण पूरा नहीं होता है तो अपने बाह्य जीवन में उसकी कमी महसूस करने के बावजूद, वह पूरी तरह पूर्ण रहता है, परिपूर्ण रहता है और भीतर से शांतिमय रहता है।

अगर आप अकेले रहते हुए खुद के साथ सहज नहीं रह पाते हैं तब उस असहजता को भरने के लिए आपको संबंध की आवश्यकता पड़ती है। यह पक्का समझें कि उस संबंध में भी यह असहजता किसी न किसी रूप में पुनः प्रकट होगी, और फिर उसके लिए शायद आप अपने जोड़ीदार को जिम्मेदार ठहरा देंगे।

आपको केवल इतना करने की आवश्यकता है कि आप वर्तमान पल को पूरी तरह स्वीकार करें। तब आप 'यहां और अब' में सहज महसूस करेंगे और खुद के साथ भी सहज रहेंगे।

लेकिन क्या आपको अपने साथ रिश्ता बनाने की कोई ज़रूरत है भी? क्यों नहीं आप अपने ही तांईं रह सकते? जब आप अपने साथ कोई संबंध स्थापित कर लेते हैं तब आप दो में बंट जाते हैं: "मैं" और "मुझे", कर्ता और कर्म। यही मनरचित द्वैत आपके जीवन की तमाम तरह की अनावश्यक जटिलताओं, पेचीदगियों और समस्याओं का मूल कारण हुआ करता है।

एन्लाइटेनमैन्ट की अवस्था में आप *आप* ही होते हैं – "मैं" और "मुझे" मिल कर एक हो जाते हैं। तब आप अपने गुण-दोष विवेचक नहीं बन जाते, आप खुद के लिए अफ़सोस या खेद महसूस नहीं करते, आप खुद पर गर्व नहीं करते, आप खुद को प्रेम नहीं करते, आप खुद को नफ़रत या नापसंद भी नहीं करते, इत्यदि, इत्यादि। अपना ही अपना सोचने

वाली चेतना के कारण हुए वे दो-फाड़ तब भर जाते हैं, उसका अभिशाप मिट जाता है। तब ऐसा कोई "अहं" शेष नहीं रह जाता जिसका संरक्षण करने की, जिसका बचाव करने की, और जिसे खुराक देने की आपको अवश्यकता होती हो।

जब आप *एन्लाइटेन्ड* हो जाते हैं तब एक रिश्ता ऐसा है जिसे आप फिर आगे नहीं चलाते हैं: खुद के साथ रिश्ता। एक बार यह रिश्ता जब छूट जाता है तब आपके सभी संबंध प्रेम के संबंध हो जाते हैं।

भाग तीन

स्वीकार करना और समर्पण करना

जब आप 'जो है' के प्रति समर्पण कर देते हैं
और इस प्रकार पूरी तरह से वर्तमान में विद्यमान हो जाते हैं,
तब अतीत पूरी तरह से अशक्त हो जाता है।
मन द्वारा धूमिल कर दिया गया बीइंग का साम्राज्य
तब उभर कर सामने दिखाई दिखाई देने लगता है।
अचानक, आपके भीतर एक विपुल नीरवता
और शांति की अथाह व असीम अनुभूति प्रकट होने लगती है।
उस शांति में मिलता है महान आनंद।
उस आनंद में रहता है प्रेम।
और, उसके अंतरतम में वास करता है
वह परम पावन, वह अपरिमेय
जिसको कोई नाम नहीं दिया जा सकता।

अध्याय आठ

'अब' को स्वीकार करें

अस्थायीपन और जीवन चक्र

सफलता के चक्र आते हैं – जब चीज़ें आपकी तरफ़ आती हैं, संपन्नता आती है, उन्नति होती है। और, विफलता के चक्र भी आते हैं – जब चीज़ें हाथ से निकल जाती हैं और आपको उन्हें जाने देना पड़ता है ताकि उनकी जगह नई चीज़ें आ सकें या रूपांतरण हो सके।

ऐसे मौके पर अगर आप प्रतिरोध करते हैं और जाने वाली चीज़ से चिपके रहते हैं, तो इसका अर्थ यह है कि आप जीवन के प्रवाह के साथ चलने से इंकार कर रहे हैं, ऐसा करके तो आप दुखी ही होंगे। नए को होने देने के लिए पुराने को हटाना होता है। एक चक्र के बिना दूसरा नहीं हो सकता।

आध्यात्मिक ज्ञान के लिए अवनति वाले चक्र का होना अत्यंत आवश्यक होता है। आध्यात्मिक आयाम की ओर उन्मुख होने के लिए किसी न किसी स्तर पर गहराई तक आपका असफल होना या किसी गहरी हानि या पीड़ा का अनुभव करना आवश्यक होता है। या हो सकता है कि आपकी सफलता ही इतनी खोखली और निरर्थक हो जाए कि वह असफलता जैसी ही लगे। हर सफलता में असफलता छिपी रहती है, और हर असफलता में सफलता छिपी रहती है। इस संसार में, यानी नाम-रूप

वाले स्तर पर, हर कोई देर-सबेर असफल होता ही है, और हर उपलब्धि अंततः व्यर्थ व अर्थहीन हो जाती है। सभी अवस्थाएं अस्थाई होती हैं।

फिर भी, आप सक्रिय हो सकते हैं और नई अवस्थाओं को रचने व प्रकट करने का आनंद ले सकते हैं लेकिन आपको उनके साथ तादात्म्य नहीं होना होगा। उनको अपने स्वरूप वाला भाव देने की आवश्यकता नहीं है। वे आपका जीवन नहीं हैं – वे तो आपके जीवन की केवल स्थितियां हैं।

कोई भी चक्र कितने भी समय के लिए ठहर सकता है – कुछ घंटों से लेकर कुछ वर्ष तक के लिए। कुछ चक्र लंबा चलते हैं और उन लंबे चक्रों के दौरान छोटे-छोटे चक्र आते रहते हैं। कई रोग अल्प शक्ति वाले चक्रों के विरुद्ध संघर्ष करने से पैदा हो जाया कररते हैं, लेकिन वे आत्मोन्नति के लिए महत्वपूर्ण होते हैं। कुछ न कुछ करते रहने की जबरन आदत, और उपलब्धि पाने जैसी चीज़ों से स्वाभिमान या आत्म-सम्मान महसूस करने वाली प्रवृत्ति – यह वह भ्रांति है जो तब तक बनी रहती है जब तक कि आप अपने मन के साथ तादात्म्यता बनाए रखते हैं। आपकी यह प्रवृत्ति आपके लिए किसी भी निम्न चक्र को स्वीकार करने या उसे होने देने में कठिनाई पैदा करती है, या अक्सर असंभव ही बना देती है। तब, आपके शारीरिक तंत्र की प्रज्ञा एक आत्म-रक्षात्मक रूप लेकर हावी हो जाती है और कोई न कोई रोग रचती रहती है ताकि वह आपको रुकने के लिए विवश कर सके, ताकि आपकी आवश्यक आत्मोन्नति हो सके।

जब तक आपका मन किसी भी स्थिति को "अच्छी" होने का निष्कर्ष निकालता रहता है – चाहे वह कोई संबंध हो, कोई संपत्ति या अधिकार हो, कोई सामाजिक प्रतिष्ठा हो, कोई पद हो, या आपका यह भौतिक शरीर हो – तब तक मन खुद को उस स्थिति के साथ जोड़ता रहता है, और उसके साथ तादात्म्य करता रहता है। ऐसी स्थिति आपको खुश रखती है, आपको खुद अपने बारे में अच्छा-अच्छा महूसस कराती रहती है, और वह आपका, या जो आप खुद को समझते हैं उसका, एक हिस्सा बन जाती है।

लेकिन, जैसे किसी चीज़ में ज़ंग लग जाने या दीमक लग जाने पर वह चीज़ विनष्ट हो जाती है वैसे ही इस आयाम में कुछ भी दीर्घ काल तक नहीं टिक पाता है। या तो वह ख़त्म हो जाता है या परिवर्तित हो जाता है या उसके ध्रुव बदल जाते हैं – यानी वही स्थिति जो कि कल तक या पिछले वर्ष तक अच्छी कही जा रही थी, वह अचानक ही बुरी मानी जाने लगती है। जो स्थिति कभी आपको खुश किया करती थी, वही अब आपको दुखी करने लगती है। आज की समृद्धि आने वाले कल में खोखला उपभोक्तावाद लगने लगती है। शुभ विवाह और सुखद हनीमून दुखदायी तलाक में बदल जाते हैं या बिना तलाक के एक ही छत के नीचे एक कुढ़न भरा साथ बन कर रह जाते हैं।

या, कोई-कोई स्थिति ग़ायब ही हो जाती है और फिर उसका अभाव आपको दुख देने लगता है। जिस स्थिति के साथ मन आसक्त हो गया होता है और जिसके साथ उसने खुद को तादात्म्य कर लिया होता है, वह स्थिति अगर बदल जाती है या ग़ायब हो जाती है तो मन यह बात स्वीकार ही नहीं कर पाता है। वह ग़ायब होने वाली स्थिति से ही चिपक जाता है और बदलाव का विरोध-प्रतिरोध करता है। उसे ऐसा लगता है जैसे कि आपके शरीर से कोई अंग काट कर अलग किया जा रहा हो।

इसका अर्थ यह हुआ कि आपकी खुशी और आपका ग़म दरअसल एक ही चीज़ हैं, समय का भ्रम ही उन्हें अलग किया करता है।

जीवन के प्रति प्रतिरोध न करने का अर्थ होता है गरिमा, मैत्री, सहजता, सरलता व प्रफुल्लता की अवस्था में होना। यह अवस्था इस बात पर निर्भर नहीं करती है कि चीज़ें एक ख़ास तरह से ही हों – अच्छी या बुरी।

यह बात बड़ी विरोधाभास भरी लग सकती है, लेकिन जब किसी चीज़ पर आप की निर्भरता नहीं रहेगी तो आपके जीवन की साधारण स्थितियां – यानी बाहरी चीज़ें – उनमें बड़ा सुधार आने लगेगा। तब वे चीज़ें, वे लोग और वे स्थितियां जिन्हें आप समझते थे कि आपके सुख

व खुशी के लिए आवश्यक हैं, वे आपकी किसी जद्दोजहद और कोशिश के बिना ही आपके पास आने लगेंगी, और जब तक भी वे रहेंगी तब तक आप उनका आनंद ले सकेंगे, उनकी सराहना कर सकेंगे।

तो भी, निस्संदेह, वे सभी चीज़ें भी एक दिन गुज़र ही जायेंगी, उनका दौर आयेगा भी और जायेगा भी, लेकिन चूंकि अब उन पर आपकी निर्भरता नहीं रहेगी इसलिए उनके जाने का कोई भय आपको नहीं सतायेगा। जीवन सहज व सरल तरह से चलता रहेगा।

जो खुशी, जो सुख किसी दूसरे स्रोत से हासिल किए जाते हैं, वे बड़े छिछले व उथले हुआ करते हैं, उनमें बहुत गहराई नहीं होती है। वह उस *बीइंग* का, उस कांतिमय शांति का केवल एक फीका सा प्रतिबिंब होते हैं जिसे आप अपने ही भीतर तब पाते हैं जब आप प्रतिरोध न करने की अवस्था में प्रवेश कर जाते हैं। *बीइंग* आपको मन के परस्पर विपरीत ध्रुवों के पार ले जाता है और चीज़ों पर रहने वाली निर्भरता से आपको मुक्त कर देता है। आपके चारों ओर भले ही सब कुछ टुकड़े-टुकड़े होकर धराशायी हो जाए, लेकिन तब भी आप अपने अंतरतम में गहन शांति महसूस करते रहेंगे। हो सकता है कि आप खुश न हों, लेकिन आप शांतिपूर्ण तो रहेंगे ही।

नकारात्मकता का इस्तेमाल करना और त्यागना

जितने भी आंतरिक प्रतिरोध हैं वे सभी किसी न किसी तरह की नकारात्मकता के रूप में अनुभव किए जाते हैं। सारी नकारात्मकता प्रतिरोध ही होती है। इस संदर्भ में ये दोनों शब्द लगभग पर्यायवाची ही होते हैं।

नकारात्मकता का फैलाव चिड़चिड़ेपन या अधीरता से लेकर प्रचंड क्रोध तक, अवसादी मन या उदासी, खिन्नता, व रूठने वाली नाराज़गी से लेकर आत्मघाती निराशा तक रहता है। प्रतिरोध कभी-कभी भावनात्मक संचित-दुख को जगा देता है, भड़का देता है, और उस अवस्था में कोई

छोटी सी बात भी एक प्रबल नकारात्मकता पैदा कर देती है, जैसे क्रोध, अवसाद या गहरा दुख।

अहं ऐसा मानता है कि नकारात्मकता के जरिए वह वास्तविकता में हेर-फेर कर सकता है और यह भी कि ऐसा करके वह जैसा चाहता है वैसा पा सकता है। उसका मानना है कि नकारात्मकता के जरिए वह मनोवांछित स्थितियां पा सकता है और अवांछित स्थितियों को रफ़ा-दफ़ा कर सकता है।

"आप" – अर्थात् आपका मन – यदि यह बात मानता ही न हो कि अप्रसन्नता कारगर होती है, कामयाब होती है, तो फिर आप उसे पैदा ही क्यों करेंगे? वास्तव में, तथ्य भी यही है कि नकारात्मकता कभी कारगर व कामयाब नहीं होती। बजाय इसके कि हमारी मनोवांछित स्थिति को आने देने में वह सहायक हो, वह उसे आने से ही रोक दिया करती है। बजाय इसके कि अवांछित स्थिति को वह दूर करे, वह तो उसे हमारे सामने बनाए रखती है। नकारात्मकता का बस एक ही काम वाक़ई काम करता है और वह है हमारे अहं को पुष्ट करना, उसे ताक़त देना, और इसीलिए हमारे अहं को नकारात्मकता बड़ी प्रिय होती है।

एक बार जब आप किसी नकारात्मकता के साथ खुद को तादात्म्य कर लेते हैं तो फिर आप उसे छोड़ना नहीं चाहते हैं। इतना ही नहीं, एक गहरे अचैतन्य स्तर पर आप सकारात्मक बदलाव को भी नहीं चाहते हैं। ऐसा करना आपकी अपनी दुखी, क्रोधी या सताए गए व्यक्ति वाली छवि के लिए ख़तरा पैदा कर देता है। तब आप अपने जीवन में सकारात्मकता की उपेक्षा करने लगते हैं, उसे अस्वीकार करने लगते हैं, और न केवल उसे चोट पहुंचाते हैं बल्कि उसका विद्रोह किया करते हैं। यह एक आम मंजर है, लेकिन यह पागलपन है।

ग़ौर से देखिए किसी भी पेड़–पौधे या पशु–पक्षी को – और वह आपको सिखा देगा कि *जो है* को कैसे स्वीकार किया जाए, 'अब' के समक्ष कैसे समर्पण किया जाए।

उससे जानिए कि *बीइंग* क्या होता है।

उससे सीखिए कि समग्रता और ईमानदारी से जीना क्या होता है – यानी, एकत्व में रहना, जो आप हैं वही रहना, बिना किसी आडंबर व पाखंड के जीना क्या होता है।

वह आपको सिखा देगा कि कैसे जिया जाए और कैसे मरा जाए, और यह भी कि जीने व मरने को कैसे एक समस्या न बनाया जाए।

बारंबार आने वाली नकारात्मक भावना, किसी बीमारी की तरह ही, कभी-कभी कोई संदेश लेकर तो आती है, लेकिन आपके द्वारा किया जाने वाला कोई भी बदलाव – चाहे वह आपके काम-धाम के साथ हो, आपके संबंधों के साथ हो या आपके परिवेश के साथ हो – वह अंततः तब तक दिखावटी व सजावटी ही रहता है जब तक कि वह बदलाव आपकी चेतना के स्तर पर आने वाले बदलाव से प्रस्फुटित नहीं होता। और जहां तक ऐसे बदलाव की बात है, इसका केवल एक ही अर्थ होता है और वह है: अधिकाधिक *प्रेज़ैंट* रहना। जब आप *प्रेज़ैंस* के एक निश्चित स्तर पर पहुंच जाते हैं तब आपको किसी नकारत्मकता की आवश्यकता नहीं रह जाती है कि वह आए और आपको बताए कि अपनी जीवन स्थिति में आपको क्या करने की आवश्यकता है।

लेकिन जब तक नकारात्मकता *मौजूद* है, उसका इस्तेमाल कीजिए। उसका इस्तेमाल उसे एक ऐसे संकेतक के रूप में देखते हुए कीजिए कि वह आपको अधिकाधिक *प्रेज़ैंट* रहने की याद दिलाती रहे।

जब कभी भी आपको लगे कि आपके अंदर नकारात्मकता अपना सिर उठा रही है, ऐसा चाहे किसी बाहरी कारण से हो, चाहे आपके किसी विचार के कारण हो या फिर ऐसे किसी विशेष कारण से हो जिसे कि आप पहचान नहीं पा रहे हों, तब उस नकारात्मकता को एक ऐसे सचेतक की तरह देखें जो आपको सचेत करने आई हो "ध्यान दो। 'यहां' और 'अब' में रहो। जागो। अपने मन से बाहर निकलो। *प्रेज़ैंट* रहो"

इस संदर्भ में, आपकी कोई एक छोटी सी चिड़चिड़ाहट भी, एक छोटी सी झल्लाहट भी, एक मायने रखती है और इसलिए उसे समझने की, उसे देखने की आवश्यकता होती है, अन्यथा अनदेखी प्रतिक्रियाओं का अंबार आपके अंदर लगता चला जायेगा।

जब भी आप यह समझ लेंगे कि इस ऊर्जा क्षेत्र को आप अपने अंदर रखना नहीं चाहते हैं और यह भी कि यह किसी सार्थक उपयोग की चीज़ नहीं है, त्यों ही आप इसे बिन प्रयास ही छोड़ सकते है। लेकिन, यह सुनिश्चित कर लीजिए कि आपने इसे पूरी-पूरी तरह छोड़ दिया है। और, अगर आप इसे छोड़ न पा रहे हों तो आप यह स्वीकार भी करें कि वह आपमें है, और उसके होने के एहसास पर अपना ध्यान देते रहें।

किसी नकारात्मक प्रतिक्रिया को छोड़ देने के एक विकल्प के रूप में, आप यह कल्पना कीजिए कि उस प्रतिक्रिया के बाहरी कारण के वास्ते आप पारदर्शी हो गए हैं, तब आप उस प्रतिक्रिया को ग़ायब होते देख सकते हैं।

मेरा आग्रह है कि इसका अभ्यास पहले आप अपनी छोटी, और बहुत छोटी, प्रतिक्रियाओं के साथ करना शुरू करें। उदाहरण के लिए, मान लीजिए कि आप अपने घर में आराम से बैठे हैं। अचानक ही सड़क की तरफ़ से किसी कार के तीखे व तेज़ हॉर्न की आवाज़ आपके कानों को चीर जाती है। आपके अंदर झट से एक झल्लाहट पैदा होती है। ज़रा सोचिए कि इस झल्लाहट का प्रयोजन क्या है? कुछ भी तो नहीं। फिर आपने इसे क्यों पैदा किया? दरअसल, इस झल्लाहट को आपने नहीं पैदा किया, बल्कि आपके मन ने पैदा किया। यह झल्लाहट पूरी तरह स्वयं स्फूर्त थी, पूरी तरह आपके अनजाने व अनचाहे ही पैदा हुई थी।

तो, मन ने इसे क्यों पैदा किया। क्योंकि, मन अचेतन रूप से यह मानता है कि उसका प्रतिरोध – जिसे कि आप एक प्रकार की

नकारात्मकता या नाखुशी या नाराज़गी के रूप में अनुभव कर रहे हैं – वह किसी न किसी तरह इस अवांछित अवस्था को दूर कर देगा। लेकिन, यह एक भ्रम है, भ्रांति है, सचमुच। जो प्रतिरोध मन ने खड़ा किया है – जैसे इस मामले में झल्लाहट या क्रोध – यह प्रतिरोध तो उस मूल कारण से कहीं अधिक क्षुब्धता, उद्विग्नता व परेशानी पैदा करने वाला है जिसे कि वह दूर करने का प्रयास कर रहा है।

इस सबको आध्यात्मिक साधना के रूप में परिणत किया जा सकता है।

> **स्वयं को पारदर्शी होता महसूस कीजिए,** बिल्कुल ऐसा पारदर्शी जैसे कि आपका शरीर किसी ठोस पदार्थ का न होने पर होता। अब उस आवाज़ को, या नकारात्मक प्रतिक्रिया पैदा करने वाली किसी भी बात को, अपने में से गुज़रने दीजिए। वह आपके अंदर की किसी भी ठोस "दीवार" से नहीं टकरा रही होती है।

जैसा कि मैंने कहा, पहले किसी छोटी बात से शुरू कीजिए – कार का हॉर्न, कुत्ते का भौंकना, बच्चों का हल्ला, ट्रैफ़िक जाम, इत्यादि। बजाय इसके कि आप अपने अंदर प्रतिरोध की कोई दीवार खड़ी करें जिससे कि ऐसी चीज़ें जिन्हें कि "होना नहीं चाहिए" लगातार और तक़लीफदेह तरीके से टकरा रही हों, आप हर चीज़ को अपने में से बस गुज़र जाने दीजिए।

अगर कोई आपसे कुछ ऐसी बात कह दे जो कि अभद्र हो और ठेस पहुंचाने के लिए कही गई हो, तो बजाय इसके कि आप कोई अचैतन्य प्रतिक्रिया करने में व नकारात्मकता में जाएं – जैसे आक्रामक हो उठना, बचाव की मुद्रा में आ जाना या वहां से चले जाना – उसे आप अपने में से गुज़र जाने दीजिए। कोई प्रतिरोध खड़ा मत कीजिए। यह कुछ ऐसा होगा जैसे उस ठेस को लेने वाला वहां कोई है ही नहीं। *यही* होता है क्षमादान। इस तरह से आप अभेद्य हो जाते हैं, आपको ठेस लगने की संभावना ही नहीं रहती है।

लेकिन फिर भी, अगर आप चाहें तो उस व्यक्ति को यह बता सकते हैं कि उसका व्यवहार स्वीकार्य नहीं है। तथापि, उस व्यक्ति में इतनी शक्ति नहीं होगी कि वह आपके मन की अवस्था को नियंत्रित कर सके। तब आपकी शक्ति आपमें ही रहेगी – किसी और के पास नहीं, और न ही तब आप अपने मन द्वारा संचालित किए जा रहे होंगे। चाहे कार का हॉर्न हो, या कोई अशिष्ट व्यक्ति हो, बाढ़ हो, भूचाल हो, या आपके स्वामित्व में रहने वाली सारी चीज़ों का खो जाना हो – प्रतिरोध की प्रणाली एक जैसी ही रहा करती है।

आप तलाश अभी भी बाहर ही कर रहे हैं, और तलाश की विधा से आप बाहर नहीं निकल पा रहे हैं – 'शायद अगली कार्यशाला में मुझे जवाब मिल जाए, या किसी नए तरीके में मिल जाए।' तो, आपसे मैं इतना ही कहूंगा:

शांति की खोज मत कीजिए। जिस भी अवस्था में आप अब हैं उसके अलावा किसी भी अन्य अवस्था की तलाश मत कीजिए, अन्यथा आप आंतरिक द्वंद्व और अचेतन प्रतिरोध खड़ा कर लेंगे।

शांत न रह पाने के लिए खुद को क्षमा कर दीजिए। ज्यों ही आप अपनी अशांतता को पूरी तरह स्वीकार कर लेंगे, त्यों ही आपकी अशांतता शांतता में बदल जायेगी। जिस भी चीज़ को आप पूरी तरह से स्वीकार कर लेंगे वह आपको शांति में ले जायेगी। यही है समर्पण का चमत्कार।

जब आप *जो है* को स्वीकार कर लेते हैं तब हर पल सर्वोत्तम पल हो जाता है। यही *एन्लाइटेनमैन्ट* है, यही आत्मज्ञान है।

करुणा का स्वभाव

मन द्वारा रचे जाने वाले विलोमों और विरोधों से पार पहुंच जाने के बाद, आप एक गहरी झील के समान हो जाते हैं। आपके जीवन की बाहरी स्थिति – जो भी कुछ वहां हो रहा होता है – वह सब उस झील की ऊपरी-ऊपरी सतह पर हुआ करता है – मौसम के अनुसार कभी शांत, तो कभी अशांत। लेकिन, नीचे गहराई में झील हमेशा सुशांत, अविक्षुब्ध, निश्चल रहा करती है। आप समूची झील हैं, उसकी केवल ऊपरी सतह नहीं, और तब आप अपनी गहराई से ही जुड़े रहते हैं जो कि बिल्कुल शांत व स्थिर रहा करती है।

तब, किसी भी स्थिति के साथ मानसिक रूप से जुड़ कर आप बदलाव के प्रति प्रतिरोध नहीं करते हैं। आपकी आंतरिक शांति उस स्थिति पर निर्भर नहीं रहा करती है। तब आप *बीइंग* में निवास किया करते हैं जो कि अविकारी है, समयनिरपेक्ष है, शाश्वत है। और, तब आप निरंतर बदलते रूपों वाले इस बाहरी संसार पर अपनी पूर्णता व प्रसन्नता के लिए निर्भर क़तई नहीं रहते हैं। तब आप उन रूपों का आनंद तो ले सकते हैं, उनके साथ खेल सकते हैं, नए-नए रूप रच सकते हैं, इस सब के सौंदर्य को सराह सकते हैं, लेकिन उसके किसी भी रूप के साथ खुद को नत्थी कर लेने की, खुद को संलग्न कर लेने की कोई आवश्यकता आपको नहीं रह जाती है।

जब तक आप *बीइंग* से अनभिज्ञ व अनजान रहेंगे तब तक दूसरे लोगों की वास्तविकता का आपको पता ही नहीं चलेगा क्योंकि तब आपको अपनी ही वास्तविकता का पता नहीं होगा। आपका मन लोगों के उस व्यक्तित्व को पसंद या नापसंद करता रहेगा जिसमें केवल उनका शरीर ही नहीं बल्कि मन भी शामिल रहता है। सच्चा संबंध तभी स्थापित हो पाता है जब *बीइंग* के प्रति सजगता रहती है।

बीइंग में से देखे जाने पर दूसरे के तन और मन को आप स्पष्ट रूप से बिल्कुल एक स्क्रीन की तरह देख सकते हैं – यथातथ्य, जिसके पीछे आप उनकी वास्तविकता को सही-सही महसूस कर सकते हैं, बिल्कुल वैसे ही जैसे आप अपनी महसूस करते हैं। इसीलिए, किसी के दुख भरे या अचेतन व्यवहार से सामना होने पर, आप *प्रेज़ैंट* बने रहते हैं और *बीइंग* के संपर्क में रहते हैं, और इस तरह इस योग्य हो जाते हैं कि अपनी ही *बीइंग* में से देखते हुए दूसरे व्यक्ति के नाम-रूप से परे उसकी कांतिमय तथा विशुद्ध *बीइंग* को महसूस कर सकें।

बीइंग के स्तर पर यह समझ में आ जाता है कि जितनी भी समस्याएं हैं वे केवल भ्रम-भ्रांति ही हैं। दरअसल, दुख है ही नाम-रूप के साथ गहरे तक जुड़ जाने और उसके साथ तादात्म्य कर लेने के कारण। इस बात का ज्ञान हो जाने पर और दूसरों में *बीइंग* के प्रति अपनी चेतना जाग जाने पर, कभी-कभी *हीलिंग* के चमत्कार होते हैं – अगर दूसरे भी तैयार हैं, तो।

अपने तथा समस्त जीवों के बीच एक गहरा नाता होने के प्रति सजगता होना ही करुणा है। अगली बार जब कभी आप ऐसा कहें या ऐसा सोचें कि अमुक में और मुझमें तो कुछ भी समान नहीं है, तो यह याद रखियेगा कि आपमें और उसमें एक बड़ी भारी समानता है और वह यह है कि अब से कुछ साल बाद – दो साल बाद या सत्तर साल बाद, इससे कोई फ़र्क़ नहीं पड़ता – आप भी और वह भी बदबूदार लाश बन जायेंगे, फिर ख़ाक का ढेर बन जायेंगे, और फिर कुछ भी नहीं रहेंगे। आपको सौम्य और विनम्र बना देने वाला यह एक ऐसा स्पष्ट ज्ञान है जिसमें अहंकार के लिए कोई स्थान नहीं रह जाता है।

क्या यह कोई निराशात्मक व नकारात्मक विचार है? नहीं, बल्कि यह एक सत्य है, एक तथ्य है। इसकी तरफ़ से आप अपनी आंखें क्यों मूंद रहे हैं? तो, इस अर्थ में, आपमें और अन्य हर प्राणी में पूरी-पूरी समानता है।

महानतम आध्यात्मिक साधनाओं में से एक साधना है: सभी शारीरिक नाम-रूपों की, आपके अपने नाम-रूप की भी, नश्वरता को गंभीरता से ध्यान में रखना। इसे 'मरण से पहले मरना' कहा जाता है।

इस ध्यान में, इस साधना में गहरे उतरिए। आपका शारीरिक स्वरूप छीज रहा है, यह कुछ नहीं है। फिर एक ऐसा समय आता है जब आपका मानसिक रूप या विचार भी मर जाया करता है। लेकिन, तब भी आप तो रहते ही हैं – आपकी वह दिव्य *प्रेज़ेंस* रहती है जो आप हैं, कांतिमान व पूर्ण जाग्रत।

जो वास्तविक है, जो तात्विक है, वह कभी नहीं मरता, केवल नाम-रूप और भ्रम मरा करते हैं, केवल काया और माया मरा करती हैं।

इस गहन स्तर पर, व्यापक अर्थ में, करुणा ही *हीलिंग* बन जाती है। उस अवस्था में, आपका *हीलिंग* प्रभाव मूलतः आपके कुछ 'करने' पर नहीं बल्कि प्रमुखतः आपके 'होने' पर आधारित रहता है। तब आप जिस किसी के भी संपर्क में आते हैं वह आपकी *प्रेज़ेंस* का स्पर्श पाता है, आपमें से प्रस्फुटित होने वाली शांति का उस पर प्रभाव पड़ता है – भले ही इसके प्रति वह सजग हो या न हो।

जब आप पूरी तरह *प्रेज़ेंट* रहते हैं लेकिन अगर आपके आसपास वाले लोग अचैतन्य व्यवहार प्रकट कर रहे होते हैं, तब उसके प्रति प्रतिक्रिया करने की आपको आवश्यकता ही नहीं लगती है, और इस तरह आप उसे वास्तविकता के धारातल पर उतरने ही नहीं देते हैं। आपकी अपनी शांतता इतनी गहरी व इतनी विराट हो जाती है कि जो कुछ भी अशांत है वह उसमें इस प्रकार विगलित तथा विलुप्त हो जाता है जैसे कि वह कभी था ही नहीं। आपकी यह शांतता क्रिया तथा प्रतिक्रिया के कर्म-चक्र तो तोड़ डालती है।

तब, पशु-पक्षी, पेड़-पौधे, फूल-पत्ती भी आपकी शांतता को अनुभव करते हैं और तदनुसार अनुक्रिया किया करते हैं। ईश्वर की शांति का प्रत्यक्ष उदाहरण प्रस्तुत करते हुए, तब आप केवल 'हो कर' ही शिक्षा दे रहे होते हैं।

तब, आप विशुद्ध चैतन्यता का एक उद्‌गम बन जाते हैं, "विश्व प्रकाश" बन जाते हैं, और इस तरह कारण के स्तर पर ही दुख का निवारण कर रहे होते हैं। आप विश्व से अचैतन्यता को दूर कर रहे होते हैं।

समर्पण की समझ

वर्तमान पल में जो आपकी चैतन्यता की गुणवत्ता है वही यह निर्धारित करेगी कि आप किस प्रकार के भविष्य में से गुज़रेंगे, इसलिए वर्तमान पल के प्रति समर्पण ही वह सबसे महत्वपूर्ण चीज़ है जो कि सकारात्मक बदलाव लाने के लिए आप कर सकते हैं। इसके अलावा जो कुछ भी आप करेंगे वह गौण ही रहेगा। अतः, कोई सा भी सचमुच सकारात्मक कदम आप चेतना की समर्पित अवस्था में ही उठा सकते हैं।

कुछ लोगों को समर्पण में नकारात्मक लक्षण दिखाई देते हैं और वे इसका अर्थ यह लगाते हैं – हार जाना, प्रयास या उम्मीद करना छोड़ देना, जीवन की चुनौतियों का सामना करने में विफल रहना, आलसी हो जाना, इत्यादि। लेकिन, सच्चा समर्पण एक बिल्कुल ही अलग चीज़ होती है। समर्पण का अर्थ यह नहीं है कि जैसी भी स्थिति-परिस्थिति में आप हों उसे बस बर्दाश्त करते रहें और उस बारे में कुछ भी न करें। और, न ही इसका अर्थ यह होता है कि आप कोई योजना न बनाएं या कोई सकारात्मक कदम भी न उठाएं।

> **समर्पण होता है:** जीवन के प्रवाह के *विरुद्ध जूझने* के बजाय उस प्रवाह का होना स्वीकार करने की सीधी-सरल लेकिन गहरी समझ। ऐसा एकमात्र स्थान जहां आप जीवन के प्रवाह को महसूस कर सकते हैं और वह है 'अब'। इसलिए, वर्तमान पल को बिना किसी शर्त के और बिना किसी आपत्ति के स्वीकार कर लेना होता है समर्पण।
>
> *जो है* के प्रति आंतरिक प्रतिरोध को छोड़ देना ही समर्पण है।

मानसिक निर्णय व भावुक नकारात्मकता के जरिए *जो है* को "ना" कहना – यही होता है आंतरिक प्रतिरोध। ऐसा ख़ासतौर पर तब होता है जब जो हो रहा है वह "मन के अनुकूल न हो रहा हो", यानी आपके मन की मांग या आपकी अड़ियल अपेक्षाओं के और *जो है* के बीच जब एक दूरी आ जाती है। यही दूरी दुखद दूरी बन जाती है। अगर आप अभी तक काफ़ी उम्र बिता चुके हैं तो आप इस "मन के अनुकूल न होने" वाली स्थिति को अनेक बार देख चुके होंगे। अगर आप अपने जीवन में से पीड़ा और दुख को दूर कर देना चाहते हैं तो यही वह अवस्था होती है जब आपको समर्पण का अभ्यास करने की आवश्यकता पड़ती है। *जो है* को स्वीकार करना आपको मन की तादात्म्यता से तुरंत छुटकारा दिला देता है और फिर *बीइंग* के साथ आपका संपर्क पुनः स्थापित कर देता है। मन ही प्रतिरोध है, प्रतिरोध ही मन है।

समर्पण विशुद्ध रूप से एक आंतरिक घटना होती है। लेकिन इसका अर्थ यह बिल्कुल नहीं है कि बाहरी तौर पर आप कोई कदम नहीं उठा सकते हैं और न ही यह है कि उस स्थिति-परिस्थिति को आप बदल नहीं सकते हैं।

दरअसल, जब आप समर्पण करते हैं तब कुल मिला कर समूची स्थिति को स्वीकार करने की आवश्यकता नहीं होती है, बल्कि 'अब' कहे जाने वाले छोटे से टुकड़े को ही स्वीकार करना होता है। उदाहरण के लिए, अगर कभी आप कहीं कीचड़ में फंस जाएं तब आप यह थोड़े

ही न कहेंगे: "ठीक है, मैं खुद को कीचड़ में फंसे रहने के लिए छोड़ देता हूं।" प्रयास करना छोड़ देना, खुद को स्थिति के अधीन छोड़ देना – यह समर्पण करना नहीं है।

किसी भी अवांछित तथा अरुचिकर जीवन स्थिति को स्वीकार करने की आपको आवश्यकता नहीं है। और, न ही यह कहते हुए अपने आप को धोखा देने की आपको ज़रूरत है कि इस स्थिति में फंसे रहने में कोई बुराई नहीं है। नहीं, आप यह पूरी तरह जान लें कि आप उससे बाहर निकलना चाहते हैं। फिर आप अपना ध्यान सब तरफ़ से हटा कर वर्तमान पल पर केंद्रित करें – मन द्वारा उस पर अच्छे-बुरे का कोई ठप्पा लगाए बिना ही।

यानी, 'अब' के बारे में आप टीका-टिप्पणी न करें, कोई निर्णय-निष्कर्ष न निकालें। इस तरह, आपके अंदर कोई प्रतिरोध नहीं जागेगा, कोई भावुक नकारात्मकता नहीं जागेगी। उस समय आप उस पल केवल उसका 'होना' स्वीकार कर रहे होंगे।

फिर, उस स्थिति में से निकलने के लिए जो कुछ भी करना आवश्यक होगा वह आप करेंगे।

ऐसा करने को मैं सकारात्मक कर्म कहता हूं। किसी भी नकारात्मक कर्म की अपेक्षा यह कहीं अधिक असरदार व कारगर होता है क्योंकि नकारात्मक कर्म तो रोष, आक्रोश, हताशा या खिन्नता से पैदा हुआ करता है। जब तक कि आपको वांछित परिणाम नहीं मिल जाते तब तक आप 'अब' पर कोई लेबल लगाए बिना, उसका कोई नामकरण किए बिना, समर्पण करने का अभ्यास करते रहिए।

अपनी बात का चित्रण करने के लिए मैं एक दृश्य का वर्णन कर रहा हूं। किसी रात को आप घने कोहरे से घिरे किसी रास्ते पर चले जा रहे हैं। लेकिन आपके हाथ में एक इतनी तेज़ फ़्लैशलाइट है जो कोहरे को काटती हुई आपके सामने एक संकरी लेकिन स्पष्ट राह को दिखा रही है।

वह सारा कोहरा आपकी जीवन-परिस्थिति है जिसमें अतीत तथा भविष्य शामिल है, और वह फ्लैशलाइट आपकी सजग *प्रेज़ैंस* है, और जो स्पष्ट जगह दीख रही है वह 'अब' है।

समर्पण न करना आपके मनोवैानिक स्वरूप को, आपके अहं के खोल को कठोर, मज़बूत व असंवेदनशील बना देता है, और इस तरह आपमें अलगाव की एक प्रबल भावना पैदा कर देता है। तब, आपको अपने परिवेश से, और ख़ासतौर से अपने आसपास के लोगों से, एक ख़तरा सा महसूस होने लगता है। अपने निर्णय-निष्कर्ष द्वारा दूसरों को तबाह करने का अचैतन्य आवेश आपमें जाग उठता है। स्पर्धा करने या हावी होने में भी ऐसी ही ज़रूरत महसूस हुआ करती है। तब प्रकृति भी आपको दुश्मन नज़र आने लगती है और आपकी धारणाएं तथा व्याख्याएं भय द्वारा संचालित होने लगती हैं। जिस मानसिक रोग को व्यामोह (पैरानोइया – जिसमें दूसरों पर शक करने तथा अविश्वास करने की प्रवृत्ति प्रबल हो जाती है) कहते हैं वह दरअसल चेतना की इस सामान्य लेकिन गड़बड़ वाली अवस्था का ही अति प्रबल रूप होती है।

प्रतिरोध करने की प्रवृत्ति के चलते न केवल आपका मनोवैज्ञानिक स्वरूप बल्कि आपका शरीरिक स्वरूप – यानी, आपका शरीर – भी कड़ा, कठोर, असंवेदनशील और अड़ियल हो जाता है। शरीर के विभिन्न भागों में तनाव पैदा होने लगता है और कुल मिला कर शरीर संकुचित सा हो जाता है। शरीर के समुचित कार्यकलाप के लिए आवश्यक जीवन-ऊर्जा का अबाध प्रवाह उसमें काफ़ी कम हो जाता है।

शारीरिक व्यायाम और कुछ विशेष प्रकार की कायिक-चिकित्सा द्वारा उस प्रवाह को पुनः प्राप्त करने में मदद तो मिल सकती है, लेकिन जब तक कि आप अपने दैनिक जीवन में समर्पण का अभ्यास नहीं करेंगे तब तक वे चीज़ें केवल अस्थाई राहत के लक्षण ही दिखा सकती हैं क्योंकि उसका मूल कारण, यानी प्रतिरोध करने का स्वभाव, तो जस का तस बना ही रहता है।

आपके भीतर एक चीज़ ऐसी है जो इन चलायमान परिस्थितियों से अछूती रहती है, जो आपके जीवन की स्थितियों को रचा करती हैं, और

केवल समर्पण द्वारा ही आप उस चीज़ तक पहुंच सकते हैं। वह चीज़ है आपके प्राण, आपका *बीइंग*, आपका अस्तित्व – जो कि वर्तमान के समयनिरपेक्ष साम्राज्य में शाश्वत रूप से वास करता है।

अगर आपको अपनी जीवन-स्थिति असंतोषजनक या असहनीय जैसी लग रही है तो सर्व प्रथम यह समर्पण ही है जिसके द्वारा आप अपने इस अचैतन्य प्रतिरोध की उस प्रवृत्ति को तोड़ सकते हैं जिसने कि इस स्थिति को रचा है।

कोई कार्रवाई करने में, बदलाव लाने में या लक्ष्य को पाने में समर्पण पूरा संग-साथ देता है, तालमेल करता है। और तब, उस समर्पित अवस्था में पूरी तरह से एक भिन्न ऊर्जा और एक भिन्न गुणवत्ता आपके करने में आ जाती है। समर्पण आपको *बीइंग* की मूल-ऊर्जा के साथ पुनः जोड़ देता है, और फिर जो आप कर रहे होते हैं उसे अगर *बीइंग* से उत्प्रेरित हो कर करते हैं तो फिर वह करना जीवन-ऊर्जा का एक ऐसा आनंद-उत्सव हो जाता है जो आपको 'अब' में और गहरे ले जाता है। प्रतिरोध न करने से आपकी चेतना की गुणवत्ता, और जो कुछ आप कर रहे हैं उसकी गुणवत्ता, बेहद बढ़ जाती है। फिर परिणाम अपनी परवाह खुद करते हैं और गुणवत्ता को प्रतिबिंबित भी करते हैं। इसे हम "समर्पित कर्म" कह सकते हैं।

समर्पण की अवस्था में आप बड़ी स्पष्टता से यह देख पाते हैं कि क्या किए जाने की आवश्यकता है, और फिर एक समय में एक काम करते हुए, और एक समय में एक ही काम पर फ़ोकस रखते हुए, जो कुछ करना आवश्यक है वह आप करते हैं।

प्रकृति से सीखिए: देखिए कि कैसा भी असंतोष या दुख माने बिना हर चीज़ किस तरह से अपना काम पूरा करती रहती है और किस तरह से जीवन एक चमत्कार की तरह परत-दर-परत खुलता चला जाता है।

इसीलिए जीसस ने कहा था: लिली के फूलों को देखो, वे कैसे बढ़ते हैं, न तो वे जूझते हैं और न ही आक्रांत होते हैं।"

अगर आपकी स्थिति–परिस्थिति कुल मिला कर असंतोषजनक या अप्रिय है तो *तत्काल उससे अलग हो जाइए* और *जो है* के समक्ष समर्पण कर दीजिए। यही वह फ्लैशलाइट है जो कोहरे को काटती है। तब आपकी चेतना बाहरी परिस्थितियों द्वारा नियंत्रित होना बंद कर देगी। तब आप प्रतिक्रियाओं व प्रतिरोधों में से नहीं फूट रहे होंगे।

फिर आप परिस्थिति की ख़ासियतों को ध्यान से देखिए। खुद से पूछिए, "क्या कुछ ऐसा है जो मैं इस स्थिति को बदलने के लिए, इसे सुधारने के लिए या इसे दूर करने के लिए कर सकता हूं?" अगर कुछ है तो जो उचित लगे वह कीजिए।

उन सैकड़ों चीज़ों पर फ़ोकस मत कीजिए जो आपको भविष्य में करनी हैं या करनी पड़ेंगी, बल्कि उस एक बात पर ध्यान दीजिए जो आप अब कर सकते हैं। इसका अर्थ यह नहीं है कि आप कोई योजना न बनाएं। हो सकता है कि योजना बनाना ही वह एक काम हो जो आप अभी कर सकते हों। लेकिन यह सुनिश्चित कीजिए कि आप अपने मन में कोई "चलचित्र" चलाना शरू न कर दें – खुद को कहीं भविष्य में देखना शरू न कर दें – और इस तरह आप 'अब' से संपर्क न खो बैठें। जो कुछ आप करें, हो सकता है कि उसका फल आपको तुरंत न मिले। जब तक फल मिले – तब तक *जो है* का प्रतिरोध मत कीजिए।

यदि कोई ऐसा कदम ही नहीं है जो आप अभी उठा सकते हों और उस स्थिति से खुद को अलग भी न कर पा रहे हों तो उस स्थिति का प्रयोग समर्पण में और गहरे जाने के लिए – यानी, 'अब' में और गहरे जाने के लिए, *बीइंग* में और गहरे जाने के लिए – कीजिए।

जब आप वर्तमान के इस समयनिरपेक्ष आयाम में प्रवेश करते हैं तो आपकी तरफ़ से प्रायः बहुत कुछ किए जाने की आवश्यकता नहीं पड़ती है और आश्चर्यजनक बदलाव होने लगते हैं। तब आपका जीवन सहायक व सहयोगी हो जाता है। अगर भय, अपराध-भाव या अकर्मण्यता जैसे आंतरिक कारक आपको कुछ करने से रोक भी रहे होते हैं तो आपकी चैतन्य *प्रेज़ेंस* के प्रकाश में वे भी तिरोहित हो जाते हैं।

"कोई मेरा कुछ नहीं बिगाड़ सकता" या "मुझे किसी की परवाह नहीं है" – इस प्रकार के रवैये को समर्पण समझने की ग़लती मत कर बैठियेगा। इसे अगर आप ध्यान से देखें तो आप पायेंगे कि इस प्रकार के रवैये में रोष तथा विद्वेष के रूप में नकारात्मकता ही छिपी रहती है, इसलिए यह समर्पण नहीं है बल्कि यह तो प्रतिरोध ही – एक मुखौटा लगाए हुए। जब आप समर्पण करें तो अपने ध्यान को अपने अंदर ले जाएं और जांच करें कि प्रतिरोध का कोई अवशेष आपके अंदर रह तो नहीं गया है। जब आप ऐसा करें तो बहुत चौकस होकर करें, अन्यथा हो सकता है किसी अंधेरे कोने में किसी विचार के रूप में या किसी अस्वीकृत भावना के रूप में कोई प्रतिरोध कहीं छिपा ही बैठा हो।

मानसिक शक्ति से आध्यात्मिक शक्ति की ओर

शुरुआत इस स्वीकारोक्ति से कीजिए कि आपमें प्रतिरोध मौजूद है। फिर, जब भी प्रतिरोध उभरे तो उसे देखते हुए आप वहीं थमे रहिए। अवलोकन कीजिए कि आपका मन उसे पैदा कैसे करता है, उस स्थिति पर, आप पर, दूसरों पर वह कैसे-कैसे लेबल लगाता है, कैसे उनका नामकरण करता है। इस सब में शामिल रहने वाली अपनी विचार प्रक्रिया को देखिए। उस भावना की शक्ति को महसूस कीजिए।

प्रतिरोध का द्रष्टा बन जाने पर आप देखेंगे कि वह तो एक बेकार की चीज़ है, कि वह तो किसी भी उद्देश्य की पूर्ति नहीं

करने वाला है। 'अब' पर अपना पूरा अवधान रखने से वह अचैतन्य प्रतिरोध चैतन्य हो जाता है और वहीं उसका अंत हो जाता है।

ऐसा हो ही नहीं सकता कि आप अचैतन्य भी हों *और* सुखी व प्रसन्न भी हों, या कि आप चैतन्य भी हों *और* नकारात्मकता में भी हों। नकारात्मकता, अप्रसन्नता, दुख, पीड़ा, व्यथा, क्लेश – ये किसी भी रूप में हों, इनके होने का मतलब यही है कि आपमें प्रतिरोध मौजूद है, और प्रतिरोध हमेशा ही अचैतन्य हुआ करता है।

क्या दुख को आपने चुना था? अगर उसे आपने नहीं चुना था तो वह पैदा कैसे हुआ, कैसे आया? उसके आने का प्रयोजन क्या था? और, उसे जीवित कौन रखे हुए है?

अगर आप दुख की अपनी अनुभूतियों के प्रति चैतन्य रहते हैं, तो भी सच तो यही है कि आपने खुद को उनके साथ तादात्म्य कर लिया है, एकात्म कर लिया है। और, अचेतन रूप से चलने वाली आपकी ही विचार प्रक्रिया ने इसे जीवित रखा हुआ है। *यह सब* अचेतन रूप से हो रहा है। अगर आप चैतन्य हुए होते, यानी 'अब' में पूरी तरह *प्रेज़ैंट* रहते, तो तमाम नकारात्मकता लगभग तत्काल ही समाप्त हो गई होती। आपकी *प्रेज़ैंस* में वह टिक ही नहीं सकती। वह तो केवल आपकी अनुपस्थिति में ही टिकी रह सकती है।

और तो और, आपके संचित-दुख भी आपकी *प्रेज़ैंस* में – वर्तमान में विद्यमान रहने में – जीवित नहीं रह सकते। अपने दुख को समय देकर ही तो उसे आप जीवित रखते हैं। आपके द्वारा दिया जाने वाला समय ही तो उसकी प्राण-शक्ति होता है। सघन वर्तमान पल की सजगता में से समय को हटा दीजिए तो संचित-दुख मर ही जायेगा। लेकिन प्रश्न यह है कि क्या आप उसका मरना चाहते भी हैं? क्या आप उससे आपका जी भर गया है? बिना उसके क्या आप रह भी पाएंगे?

जब तक आप समर्पण की साधना नहीं करते तब तक आध्यात्मिक आयाम एक ऐसी चीज़ बना रहेगा जिसके बारे में आप चाहे जितना

पढ़ लें, बातें कर लें, उत्साहित हो लें, किताबें लिख लें, विचार कर लें, विश्वास कर लें – या न भी करें, लेकिन उससे कोई फ़र्क़ पड़ने वाला नहीं है।

> **जब तक कि आप समर्पण नहीं करते** तब तक आध्यात्मिक आयाम आपके जीवन की एक जीवित वास्तविकता नहीं बन सकता।
>
> जब आप समर्पण कर देते हैं तब वह शक्ति जो कि आप प्रसर्जित करते हैं और जो आपके जीवन को संचालित करने लगती है, वह उस मानसिक शक्ति की अपेक्षा कहीं अधिक जीवंत बल वाली होती है जो कि अभी हमारे संसार को संचालित कर रही है।
>
> समर्पण के माध्यम से ही आध्यात्मिक शक्ति इस संसार में अवतरित होती है। यह शक्ति कैसा भी दुख, कैसा भी क्लेश, और कैसी भी पीड़ा नहीं रचा करती है – न आपके लिए, न अन्य मनुष्यों के लिए और न ही इस धरती के किसी भी जीव के लिए।

निजी संबंधों में समर्पण

यह सच है कि केवल एक अचैतन्य व्यक्ति ही दूसरों को इस्तेमाल करने की या उनके साथ चालाकी करने की कोशिश करता है, लेकिन यह भी उतना ही सच है कि इस्तेमाल भी केवल अचैतन्य व्यक्ति को ही किया जा *सकता है* और चालाकी भी उसी के साथ की जा *सकती है*। अगर आप दूसरों के अचैतन्य व्यवहार के प्रति प्रतिरोध करते हैं, उसके विरुद्ध संघर्ष करते हैं, तो आप भी अचैतन्य ही हो तो जाते हैं।

लेकिन, समर्पण का यह अर्थ यह बिल्कुल नहीं है कि आप अचैतन्य लोगों द्वारा खुद को इस्तेमाल होने दें। नहीं, बिल्कुल नहीं। लेकिन, यह बिल्कुल संभव है कि किसी व्यक्ति को स्पष्टतः व दृढ़तापूर्वक "ना" कह दी

जाए, या किसी स्थिति से उठ कर दूर चला जाए, और साथ ही आंतरिक रूप से व पूरी तरह से अप्रतिरोध की अवस्था में भी रहा जाए।

जब आप किसी व्यक्ति या स्थिति को ''ना'' कहते हैं, तो उस "ना" को अपनी किसी प्रतिक्रिया में से न आने दें बल्कि अपने परिज्ञान में से, इस स्पष्ट बोध में से आने दें कि उस पल में आपके लिए क्या सही है और क्या सही नहीं है।

उसे एक अप्रतिक्रियात्मक "ना" रहने दें, एक उच्च गुणधर्म वाली "ना" रहने दें, एक ऐसी "ना" रहने दें जो हर तरह की नकारात्मकता से मुक्त हो और इसीलिए वह दुख को और आगे न बढ़ा रही हो।

अगर आप समर्पण नहीं कर सकते हैं तो जो करना है वह तुरंत कर दीजिए। उस स्थिति-परिस्थिति में बदलाव लाने के लिए कुछ बोलिए या कुछ कीजिए – या खुद को वहां से हटा लीजिए। अपने जीवन के प्रति जिम्मेदारी लीजिए।

नकारात्मकता द्वारा न तो अपने सौंदर्यवान व कांतिमान *बीइंग* को और न ही इस धरती को प्रदूषित कीजिए। अपने अंदर किसी भी तरह के दुख को रहने की ठौर मत दीजिए।

अगर आप कुछ भी न कर पा रहे हों – उदाहरण के लिए, अगर आप जेल में हों – तो आपके समक्ष दो ही विकल्प बचते हैं: प्रतिरोध करना या समर्पण करना। बाहरी स्थितियों से बंध जाना या मुक्त रहना। दुख महसूस करना या आंतरिक शांति में रहना।

समर्पण द्वारा आपके संबंधों में गज़ब का बदलाव आ जायेगा। लेकिन, *जो है* को अगर आप स्वीकार ही नहीं कर पाते हैं तो इसका परिणाम यह होगा कि आप किसी को भी उस तरह से स्वीकार नहीं कर पायेंगे जैसा

कि वह है। आप लोगों के बारे में निर्णय-निष्कर्ष निकालते रहेंगे, उनकी निंदा-आलोचना करते रहेंगे, उन पर लेबल लगाते रहेंगे, उन्हें नापसंद व नामंजूर करते रहेंगे, या उन्हें बदलने की कोशिश करते रहेंगे।

साथ ही, अगर आप 'अब' को भविष्य में पहुंचने का जरिया बनाने में लगे रहेंगे तो हर मिलने वाले व्यक्ति को आप कहीं पहुंचने का या कुछ पाने का साधन ही बनाते रहेंगे। तब, संबंधों का व लोगों का महत्व आपके लिए या तो दोयम दर्जे का रहेगा या बिल्कुल भी नहीं रहेगा। तब आपके लिए बस यही बात प्रमुख हो जायेगी कि किसी संबंध से आप कितना लाभ उठा सकते हैं – चाहे वह कोई भौतिक लाभ पाना हो, कोई शक्ति व अधिकार पाना हो, कोई शारीरिक सुख पाना हो, या फिर किसी तरह की अहं-संतुष्टि पाना हो।

आइए, मैं थोड़ा विस्तार से बताता हूं कि संबंधों में समर्पण काम किस तरह करता है।

जब आप किसी बहस में या किसी द्वंद्व वाली स्थिति में पड़ जाएं – चाहे वह अपने जीवन साथी के साथ हो या अन्य किसी निकट संबंधी के साथ – तब ध्यानपूर्वक यह देखना शुरू कीजिए कि जब आपके पक्ष पर आक्रमण होता है तब आप अपने बचाव में किस तरह उतर आते हैं, या अपने अंदर उठते हुए आवेग व आवेश के बल को आप तब महसूस कीजिए जब आप दूसरे के पक्ष पर आक्रमण करने जा रहे हों।

अपने ही दृष्टिकोण के प्रति और अपने ही तर्क के प्रति रहने वाली अपनी आसक्ति का अवलोकन काजिए। खुद को सही सिद्ध करने और दूसरे को ग़लत सिद्ध करने की अपनी ललक के पीछे अपनी मानसिक-भावनात्मक उग्रता को महसूस कीजिए। यह उग्रता अहंकारी मन की ही उग्रता होती है। तब, उसे स्वीकार करते हुए, उसे यथासंभव पूरी तरह महसूस करते हुए, उसे आप चैतन्य बना दीजिए।

फिर एक दिन, किसी बहस के बीच, आपको अचानक ही यह बोध होगा कि आपके पास तो चुनने का एक विकल्प है, और तब आप अपनी खुद की प्रतिक्रिया को छोड़ देने का निर्णय ले सकते हैं – केवल यह देखने के लिए कि क्या होता है। समर्पण करके देखिए।

अपनी प्रतिक्रिया को छोड़ देने का मेरा मतलब यह बिल्कुल नहीं है कि आप मौखिक रूप से बस यह कह दें: "चलिए, आप ही सही हैं", भले ही आपका चेहरा यह कह रहा हो: "इस तरह की बचकानी अचैतन्यता से मैं ऊपर उठ चुका हूं।" ऐसा करना तो प्रतिरोध को एक दूसरे ही तल पर स्थानांतरित कर देना मात्र होगा – क्योंकि आपका अहंकारी मन तब भी आपकी बागडोर अपने ही हाथ में लिए हुए अपनी ही उच्चता का दावा कर रहा होगा। बल्कि, मैं तो आपके अंदर की उस समूची मानसिक-भावनात्मक शक्ति को अलविदा कहने की बात कर रहा हूं जो कि शक्ति व अधिकार के लिए लड़ रही थी।

अहं बहुत चतुर-चालाक होता है, इसलिए आपको बहुत सावधान रहना होगा, बिल्कुल *प्रेज़ैंट*, और अपने प्रति पूरी तरह ईमानदार भी रहना होगा – यह देखने के लिए कि क्या अपने मन की अवस्था के साथ कर ली गई अपनी तादात्म्यता को आपने सचमुच तोड़ दिया है, सचमुच छोड़ दिया है, और इस तरह से खुद को अपने मन से मुक्त कर लिया है।

अचानक ही, अगर आप अंदर से खुद को बहुत हल्का-हल्का, स्पष्ट, और गहराई तक शांत अनुभव करते हैं तो यह साफ़ संकेत है कि आप समर्पित हो चुके हैं। तब ध्यान से देखिए कि चूंकि तब आप प्रतिरोध करके दूसरे व्यक्ति की मानसिक अवस्था को खुराक नहीं दे रहे होते हैं, इसलिए उसकी मानसिक अवस्था का क्या होता है। किसी मानसिक अवस्था के साथ तादात्म्यता जब नहीं रहती है, सच्चा संवाद तब ही आरंभ होता है।

अप्रतिरोध का यह अर्थ यह बिल्कुल नहीं है कि आप कुछ भी न करें। बल्कि, इसका अर्थ यह है कि कुछ भी "करते हुए" आप अप्रतिक्रियात्मक रहें। पूरब के मार्शल आर्ट वालों की साधना में शामिल इस गहन ज्ञान को याद रखिए: 'प्रतिद्वंद्वी के बल को रोके नहीं। उस पर हावी होकर उसे जीतने की कोशिश करें'।

इसके बाद, जब आप सघन *प्रेज़ैंस* की अवस्था में रहते हैं तब "कुछ न करना" पस्थितियों तथा लोगों का रूपांतरण करने तथा *हील* करने की प्रबल शक्ति वाला हो जाता है।

'कुछ न करने' की यह अवस्था चेतना की सामान्य अवस्था से, बल्कि कहना चाहिए अचैतन्यता की निष्क्रियता वाली उस सामान्य अवस्था से सर्वथा भिन्न होती है जो कि भय, अकर्मण्यता या अनिर्णय से उत्पन्न हुआ करती है। सचमुच "कुछ न करने" का अर्थ होता है: आपमें आंतरिक अप्रतिरोध तथा सघन सजगता का रहना।

दूसरी तरफ़, अगर कुछ करना पड़ ही जाए तो वह आप अपने संस्कारग्रस्त मन में से प्रतिक्रिया नहीं करते हैं, बल्कि उस स्थिति के प्रति की जाने वाली आवश्यक अनुक्रिया को अपनी चैतन्य *प्रेज़ैंस* में से करते हैं। उस अवस्था में, आपका मन किसी भी धारणा-अवधारणा से मुक्त रहा करता है – हिंसा की अवधारणा से भी। ऐसे में यह कौन बता सकता है कि आप क्या करेंगे?

अहं तो यही मानता है कि जो प्रतिरोध आप कर रहे हैं उसी में आपकी शक्ति निहित है, जब कि सच यह है कि प्रतिरोध आपको *बीइंग* से अलग कर देता है, क्योंकि आपकी शक्ति का एकमात्र स्थान तो *बीइंग* ही है। प्रतिरोध तो दुर्बलता है, और भय खुद को शक्तिशाली दिखाने का नाटक करता है। अहं जिसे दुर्बलता समझता है वह तो विशुद्धता, सरलता, निर्मलता व शक्ति रूपी आपका *बीइंग* है। अहं जिसे सबलता समझता है वह तो दुर्बलता है। इसलिए अहं हमेशा एक निरंतर प्रतिरोध वाली रीति-नीति पर चला करता है और आपकी "दुर्बलता" को, जो कि दरअसल आपकी सबलता है, ढांपने के लिए तरह-तरह की नाटकबाज़ी करता रहता है।

जब तक कि समर्पण करना नहीं आता तब तक अचैतन्य नाटकबाज़ी हमारी मानवी अकर्मण्यता का एक बड़ा भाग बनी रहती है। समर्पण में, न तो आपको अपने अहं की सुरक्षा की आवश्यकता रह जाती है और न ही झूठे मुखौटे लगाने की। तब, आप बिल्कुल सरल-सहज हो जाते हैं, बिल्कुल यथार्थ हो जाते हैं। तब, अहं कह उठता है, "ऐसा करना ख़तरनाक है" या यह कि "तुम असुरक्षित हो जाओगे, तुम्हें चोट पहुंचेगी।"

लेकिन, एक बात जो अहं बिल्कुल नहीं जानता वह यह है कि प्रतिरोध को अलविदा कह देने से और "मुक्त भाव" में रहने मात्र से ही आप अपनी सच्ची और वास्तविक अपराजेयता को जान सकते हैं।

अध्याय नौ

रुग्णता और दुख को रूपांतरित करना

रुग्णता को *एन्लाइटेनमैन्ट* में बदल देना

जो है के प्रति आपकी आंतरिक स्वीकृति ही समर्पण करना होता है, वह भी बिना किसी शर्त के। यह बात हम आपके *जीवन* के बारे मे कह कर रहे हैं – वर्तमान पल के बारे में कह रहे हैं – न कि आपके जीवन की अवस्था या हालात के बारे में, न ही उन दशाओं के बारे में जिन्हें मैं जीवन-परिस्थिति कहता हूं।

बीमारी आपकी जीवन-परिस्थिति का एक अंग होती है। इसलिए, इसका अतीत भी होता है और भविष्य भी है। अतीत और भविष्य मिल कर तब तक एक अनवरत सिलसिला बनाए रखते हैं जब तक कि आपकी सचेत *प्रेज़ैंस* द्वारा 'अब' की मुक्तिकारी शक्ति को सक्रिय नहीं कर दिया जाता। जैसा कि आप जानते हैं, समय से जुड़ी रहने वाली और आपकी जीवन-परिस्थिति को रचने वाली बहुत सारी परिस्थितियों के तले कुछ रहता है जो अधिक गहन है व अधिक सारभूत है, और वह है – समय के पाश में बंधे न रहने वाले 'अब' में आपका जीवन, आपका *बीइंग*।

चूंकि 'अब' में तो कोई समस्या रहती ही नहीं है, इसलिए उसमें कोई बीमारी भी नहीं रहती है। किसी और के द्वारा आपकी दशा को दिए गए किसी नाम में विश्वास कर लेना उस दशा को बनाए रखता है, उसे बल

देता है और उस अस्थाई गड़बड़ को ठोस वास्तविकता जैसा बना देता है। ऐसा विश्वास उसे न केवल वास्तविकता देता है, उसे दृढ़ बना देता है बल्कि उसे ऐसी निरंतरता भी देता है जो कि उसमें पहले नहीं थी।

अगर अपना फ़ोकस वर्तमान पर रखा जाए और मानसिक रूप से उसका कोई नामकरण कर देने से परहेज़ किया जाए तो बीमारी सिमट कर इनमें से कोई ऐसी दशा मात्र रह जाती है: कोई बदन दर्द, कमज़ोरी, बेचैनी या अक्षमता। *यही* है जिसके प्रति आपने समर्पण करना है – अभी। आपको "बीमारी" की धारणा के प्रति समर्पण नहीं करना है।

दर्द व कष्ट द्वारा खुद को वर्तमान में *प्रेज़ैंट* रहने की ओर, यानी सघन चैतन्यता की अवस्था की ओर, धकेले जाने दीजिए। दुख-दर्द को *एन्लाइटेनमैन्ट* के लिए प्रयोग कीजिए।

जो है को बदलता समर्पण नहीं है, कम से कम प्रत्यक्षतः तो बिल्कुल भी नहीं। समर्पण तो *आप* को बदल देता है। और, जब *आप* बदल जाते हैं तब आपकी सारी दुनिया बदल जाती है, क्योंकि यह दुनिया आपका ही प्रतिबिंब तो है।

बीमारी कोई समस्या नहीं है। समस्या *आप* हैं, और तब तक हैं जब तक कि जीवन की बागडोर आपके अहंकारी मन के हाथों में है।

अगर कभी आप बीमार पड़ जाएं या अक्षम हो जाएं तब ऐसा महसूस मत कीजिए कि एक तरह से आप नाकामयाब हो गए हैं, निरर्थक हो गए हैं। ऐसा सोच कर अपराध-भाव मत लाइए। ज़िंदगी पर यह आरोप मत लगा दीजिए कि उसने आपके साथ अन्याय किया है, और न ही खुद को कोई दोष दीजिए। ऐसा कुछ करना तो प्रतिरोध करना ही है।

अगर आपको कोई बड़ी बीमारी हो जाए तो उसका प्रयोग कीजिए *एन्लाइटेनमैन्ट* के लिए। जीवन में जो कुछ भी "बुरा"

हो जाए – उसका प्रयोग *एन्लाइटेनमैन्ट* के लिए कीजिए।

बीमारी में समय को मत जोड़ लीजिए। उसे न तो अतीत दीजिए और न ही भविष्य दीजिए। बीमार रहते हुए खुद को सघन वर्तमान-पल की सजगता में जाने दीजिए – फिर देखिए कि क्या होता है।

कीमियागार (*एल्कैमिस्ट* – जो घटिया धातु को सोने में तब्दील कर देता है) बन जाइए। घटिया धातु को सोने में, दुख को चैतन्यता में, आपदा को *एन्लाइटेनमैन्ट* में बदल दीजिए।

क्या आप किसी गंभीर बीमारी से ग्रस्त हैं और इसलिए जो कुछ मैंने अभी कहा है वह सब आपको अच्छा नहीं लग रहा है या इस बात पर आपको गुस्सा आ रहा है? अगर हां, तो यह इस बात का साफ़ संकेत है कि यह बीमारी आपके स्वरूप का, आपके अहं का एक हिस्सा बन गई है और नाराज़ होकर आप उसके साथ बनी हुई अपनी पहचान का बचाव ही कर रहे हैं – और साथ ही बीमारी का भी। वह दशा जिस पर "बीमारी" का लेबल लगा दिया गया है, उस दशा का उससे कोई लेनादेना नहीं है, कोई सरोकार नहीं है जो कि वास्तव में आप हैं।

जब भी कभी कोई आपदा या विपत्ति आ पड़े, या कुछ बहुत "बुरा" हो जाए, जैसे बीमारी होना, अक्षम हो जाना, घर से बेघर हो जाना, भाग्य ख़राब हो जाना, सामाजिक प्रतिष्ठा खो जाना, किसी प्रगाढ़ संबंध का टूट जाना, किसी प्रियजन की मृत्यु हो जाना या उस पर कोई मुसीबत आ जाना, या स्वयं आपकी मौत का निकट आ जाना – तब आश्वस्त रहिए कि उसका दूसरा पहलू भी है, कि आप एक अद्‌भुत व रहस्यमय चीज़ से बस एक कदम दूर हैं, और वह है: उस पीड़ा व दुख-तक़लीफ़ रूपी घटिया धातु को सोने जैसी कीमती धातु में तत्वांतरित कर देने की मुकम्मल कीमियाई, और इस एक कदम को समर्पण कहते हैं।

मेरे कहने का मतलब यह नहीं है कि आप ऐसी स्थिति में सुखी हो जायेंगे, खुश हो जायेंगे। नहीं, ऐसा नहीं है। लेकिन ऐसा अवश्य है कि

आपका भय और दुख तत्वांतरित होकर एक ऐसी शांति, ऐसे सुकून में बदल जायेगा जो कि एक बहुत गहरे स्थान से आ रहा होगा – स्वयं उस परम निराकार से। यह "ईश्वरीय शांति है जो समस्त बोध और शक्ति से पार और परे है"। उसकी तुलना में सुख तो एक बहुत ही उथली चीज़ है।

इस कांतिमान शांति के साथ आती है यह समझ – आपके मन के स्तर पर नहीं बल्कि आपके *बीइंग* की गहराई में – कि आप अविनाशी हैं, अमर हैं। यह कोई विश्वास मात्र नहीं है, बल्कि यह तो ऐसी पूर्ण सच्चाई है जिसे न तो किसी बाहरी प्रमाण की आवश्यकता है और न ही किसी अन्य सबूत की।

दुख को शांति में बदलना

हो सकता है कि कुछ चरम स्थितियों में 'अब' को स्वीकार करना अभी भी आपके लिए संभव न हो। लेकिन समर्पण में आपको इसके लिए हमेशा ही एक और अवसर मिलता है।

आपका पहला अवसर तो यह होता है कि हर पल को आप उस पल की वास्तविकता के प्रति समर्पित कर दें। यह जानने के बाद कि जो हो गया *है* उसे *अन-हुआ* नहीं किया जा सकता – क्योंकि वह तो हो ही चुका है – अतः आप या तो *जो है* को हां कहें या *जो नहीं है* उसे स्वीकार करें।

फिर आप वह करें जो आपको करना है, वह करें जो उस स्थिति की आवश्यकता है।

अगर आप स्वीकारने की इस अवस्था में ठहरे रहते हैं तो आप कोई और नकारात्मकता, कोई और कष्ट-क्लेश, कोई और दुख सृजित नहीं करते हैं। तब आप अप्रतिरोध की अवस्था में, ईश-कृपा की अवस्था में, सहजता की अवस्था में रहते हैं, संघर्ष से मुक्त रहते हैं।

जब कभी भी आप ऐसा न कर पाएं, जब कभी भी आप वह अवसर खो बैठें – और ऐसा इसलिए हो जाए क्योंकि या तो आप इतनी चैतन्य *प्रेज़ैंस* पैदा नहीं कर पा रहे हैं कि वह आदत से मजबूर अचैतन्य प्रतिरोध को उठने से रोक सके, या इसलिए कि वह स्थिति चरम रूप से इतनी विकट हो कि वह आपके लिए बिल्कुल भी स्वीकार्य न हो – तब आप ही किसी न किसी रूप में दुख व कष्ट-क्लेश सृजित कर रहे होते हैं।

आपको ऐसा लग सकता है कि वह स्थिति ही दुख-तक़लीफ़ पैदा कर रही है, लेकिन वास्तव में बात यह नहीं है – दरअसल आपका प्रतिरोध ही उस दुख व कष्ट-क्लेश पैदा कर रहा होता है।

अब आता है आपके समर्पण का दूसरा अवसर: जो कुछ बाहर है अगर उसे आप स्वीकार नहीं कर पा रहे हैं तो जो *भीतर है* उसे स्वीकार कीजिए। अगर आप बाहरी अवस्था को स्वीकार नहीं कर सकते हैं तो आंतरिक अवस्था को स्वीकार कीजिए।

इसका अर्थ है: दुख का प्रतिरोध न करें। उसे वहां रहने दें। वह दुख चाहे जिस रूप में हो – शोक, विषाद, हताशा, निराशा, भय, चिंता, अकेलापन – उसके प्रति समर्पण करें। मानसिक रूप से उस पर कोई लेबल लगाए बिना उसे साक्षी की तरह देखें। उसे गले लगाएं। तब देखिए कि समर्पण का चमत्कार उस गहरे दुख को किस तरह से एक गहरी शांति में बदल देता है। यह आपके लिए सलीब पर चढ़ने जैसा है जिसके बाद आपको पुनर्जीवन मिलना है, आपका उद्धार होना है; इसे होने दीजिए।

जब आपका दुख-दर्द गहरा होता है तब ये समर्पण-वमर्पण की तमाम बातें आपको बिल्कुल बेकार और बेमानी लगती हैं। जब आपका दुख-दर्द गहरा होता है तब अधिक संभावना इस बात की ही रहती है कि उसके प्रति समर्पण करने के बजाय आप उससे पलायन करने लगते हैं, उससे दूर होने की एक उत्कट इच्छा आपमें बलवती हो जाती है।

जो आप महसूस कर रहे होते हैं उसे आप महसूस करना ही नहीं चाहते हैं। यह बहुत ही आम बात है। लेकिन, बच निकलने का, पलायन करने का कोई रास्ता नहीं होता।

हां, कुछ 'दिल बहलाने वाले' पलायन अवश्य होते हैं – जैसे किसी काम में जुटे रहना, शराब या ड्रग्स आदि का नशा करना, क्रोध में दुर्वासा बने रहना, ख़याली पुलाव पकाना, दमन करना आदि – लेकिन ये बातें भी आपको दुख-दर्द से मुक्त नहीं करती हैं। दुख को जब आप ढांप देते हैं तो भी उसकी प्रबलता कुछ कम नहीं हो जाती है। जब आप भावनात्मक दुख को नकार देते हैं तब जो कुछ भी आप करते या सोचते हैं वह, और आपके संबंध भी, उससे प्रभावित हुए बिना नहीं रहते। लगता है जैसे आप उसका प्रसारण कर रहे हों, क्योंकि ऐसे में जो ऊर्जा आपमें से प्रस्फुटित हो रही होगी उसे दूसरे लोग अवचेतन रूप से ग्रहण कर रहे होते हैं।

अगर वे अचैतन्य हुए तो अपने अंदर से वे इतना आवेग और आवेश उठता महसूस करेंगे कि वे किसी न किसी रूप से आप पर आक्रमण करने या आपको चोट पहुंचाने के लिए जैसे विवश ही हो जायेंगे, या यह भी हो सकता है कि आप ही अपने दुख के अचैतन्य आवेग में उन्हें चोट पहुंचाने की कोशिश करें। अंदर से आप जैसे होते हैं, वैसी ही चीज़ें बाहर से आपकी ओर आकर्षित होती हैं, और वैसी ही आप अभिव्यक्ति करते हैं।

जब बाहर निकलने का कोई रास्ता नहीं होता तो भी उससे *पार पाने* का तो कोई रास्ता होता ही है। इसलिए, दुख-दर्द से बच कर मत भागिए। उसका सामना कीजिए। उसे पूरी तरह महसूस कीजिए। उसे *महसूस कीजिए* – उसके बारे में सोचिए मत। आवश्यक हो तो उसे अभिव्यक्त कीजिए, लेकिन उसके बारे में अपने मन में कोई *स्क्रिप्ट* न रचते रहिए। उस एहसास को अपना पूरा अवधान, पूरी तवज्जो दीजिए, न कि उस व्यक्ति, उस घटना या उस स्थिति को जो कि उस एहसास के पैदा होने का कारण आपको लग रहा हो।

अपने मन को उस पीड़ा का इस्तेमाल करने दे कर खुद को उसका शिकार बनने मत दीजिए। खुद के लिए दुख महसूस करते रहने से और दूसरों को अपनी व्यथा कथा सुनाते रहने से आप खुद को उस दुख में फंसाए ही रखेंगे।

चूंकि उस एहसास से बाहर निकलना संभव नहीं होता है इसलिए बदलाव की जो एकमात्र संभावना है वह यह है कि उसमें उतर जाइए, अन्यथा कुछ भी नहीं बदलेगा।

इसलिए, जो भी आप महसूस कर रहे हैं उसे अपना पूरा ध्यान व अवधान दीजिए और मन द्वारा उसके लिए दिए जाने वाले किसी भी नाम या लेबल से परहेज़ कीजिए। जब आप उस एहसास में उतरें तो अत्यधिक सचेत रहें।

पहले-पहल तो वह एक अंधेरी और डरावनी जगह लगेगी, लेकिन जब उससे मुंह मोड़ लेने का आवेग उठे तब उस आवेग का अवलोकन कीजिए, उसे ध्यान से देखिए लेकिन उसके कहे अनुसार कुछ करिए मत। अपने ध्यान को उस पीड़ा पर टिकाए रखिए। उस दुख को, भय को, आशंका को, अकेलेपन को, या जो कुछ भी वह है, उसे महसूस करते रहिए।

सजग-सचेत रहिए, *प्रेज़ैंट* रहिए, अपने संपूर्ण *बीइंग* के साथ, अपने शरीर के एक-एक कोशाणु के साथ *प्रेज़ैंट* रहिए। जब आप ऐसा करते हैं तब आप उस अंधेरे में एक रोशनी ला रहे होते हैं। और, यही होती है आपकी चैतन्यता की लौ।

ऐसी अवस्था में आने पर, आपको फिर और समर्पण करने की आवश्यकता नहीं रह जाती है। वह तो पहले ही हो चुका होता है। कैसे? पूरा अवधान ही पूरी स्वीकृति है, यही समर्पण है। पूरा अवधान देकर आप 'अब' की शक्ति का प्रयोग करते हैं, यह आपकी *प्रेज़ैंस* की शक्ति होती है। तब, प्रतिरोध के लिए छिप कर बैठने की कोई जगह इसमें बचती ही नहीं है। *प्रेज़ैंस* समय को दूर कर देती है। समय के अभाव में किसी दुख, किसी नकारात्मकता का जिंदा रह पाना असंभव हो जाता है।

दुख को स्वीकार करना मृत्यु में जाना है। गहरा दुख-दर्द महसूस करना, लेकिन उसे होने देना, बस अपना अवधान उसमें रखना – यह चैतन्य रहते हुए मृत्यु में प्रवेश करना है। जब आप इस मृत्यु में मर जाते हैं तब आपको यह भान होता है कि मृत्यु तो कुछ है ही नहीं – और न ही इसमें कुछ ऐसा है जिससे कि डरा जाए। इसमें तो केवल अहं ही मरता है।

धूप की एक ऐसी किरण की कल्पना कीजिए जो यह भूल गई हो कि वह सूर्य का एक अपृथक्य अंग है, और खुद को भुलावे में डाल कर जो यह मान बैठी हो कि जीने के लिए उसे खुद ही संघर्ष करना है, और इसीलिए वह सूर्य के बजाय किसी और के साथ अपनी पहचान जोड़ कर उसके साथ लग जाए। उस किरण के लिए, उसके इस भुलावे और भ्रांति की मृत्यु हो जाना ही क्या उसकी आश्चर्यजनक मुक्ति नहीं है?

क्या आप एक सरल-सहज मृत्यु चाहते हैं? क्या आप बिना किसी पीड़ा के, बिना किसी तड़पन के मरना चाहते हैं? तो हर बीते हुए पल के प्रति मर जाइए, और अपनी *प्रेज़ैंस* के प्रकाश द्वारा उस उग्र तथा समय में बंधे रहने वाले अहं का अंधेरा दूर होने दीजिए जिस अहं को आपने "आप" होने की ग़लतफ़हमी पाल रखी है।

सलीब वाला रास्ता — दुख के जरिए *एन्लाइटेनमैन्ट*

सलीब का रास्ता *एन्लाइटेनमैन्ट* पाने का एक पुराना तरीका है, और हाल-फ़िलहाल तक एकमात्र रास्ता भी यही है। लेकिन, इसे रद्द न करें और न ही इसकी परिणाम देने वाली क्षमता को कुछ कमतर आंकें। यह अभी भी कारगर है।

सलीब वाला तरीका एक बिल्कुल उलटबांसी जैसा है। यानी, इसमें आपके जीवन की जो सबसे ख़राब, सबसे बुरी चीज़ है, जैसे सलीब, वही चीज़ किसी भी अन्य चीज़ के मुकाबले आपके लिए अब तक की सबसे अधिक हितकारी व कल्याणकारी चीज़ सिद्ध होती है, क्योंकि वही समर्पण की तरफ़, "मृत्यु" की तरफ़ आपको ठेल कर ले जाती है, वही आपको कुछ न बनने की तरफ़, ईश्वर हो जाने की तरफ़ ठेलती है – क्योंकि ईश्वर भी तो 'कुछ' नहीं है।

दुख के जरिए *एन्लाइटेनमैन्ट* प्राप्त करना – यानी सलीब वाला तरीका अपनाना – इसका अर्थ है खुद को कष्ट देते हुए खुद को स्वर्ग की ओर ले जाना। इसमें अंततः आप समर्पण कर देते हैं क्योंकि इतना दर्द आप सहन नहीं कर पाते हैं, लेकिन दर्द तब तक चल सकता है जब तक कि आप समर्पण की अवस्था तक पहुंच नहीं जाते।

चैतन्य रूप में *एन्लाइटेनमैन्ट* चुनने का अर्थ होता है अतीत व भविष्य के प्रति अपनी आसक्ति को त्याग देना और 'अब' को अपने जीवन का मुख्य फ़ोकस बना लेना।

इसका अर्थ होता है समय में, यानी अतीत या भविष्य में, जीने के बजाय वर्तमान में रहना, जीना।

इसका अर्थ होता है *जो है* को स्वीकार करना।

फिर आपको और दुख व कष्ट की आवश्यकता ही नहीं रह जाती है।

आख़िर यह कहने के लिए आपको कितना समय और चाहिए कि "अब मैं कोई और दुख, कोई और पीड़ा सृजित नहीं करूंगा"? यह चुनाव करने से पहले आपको कितने और दुख, कितनी और पीड़ा की आवश्यकता है?

अगर आपको लगता है कि आपको और समय चाहिए तो आपको समय मिलेगा – यानी और दुख व और कष्ट मिलेगा। समय और दुख अपृथक्य हैं, सदा संबद्ध हैं, इन्हें अलग नहीं किया जा सकता।

चयन करने की शक्ति

चयन करने में सजगता की आवश्यकता होती है – अत्यंत चैतन्यता की आवश्यकता होती है। इसके बिना तो आप कुछ चुन ही नहीं सकते हैं। चुनने की तो शुरुआत ही तब होती है जब आप खुद को अपने मन और उसके संस्कारग्रस्त तौर-तरीकों की तादात्म्यता में से बाहर निकाल लेते हैं, जब आप वर्तमान में *प्रेज़ैंट* हो जाते हैं।

जब तक आप उस बिंदु तक नहीं पहुंच जाते तब तक तो आप, आध्यात्मिक भाषा में, अचैतन्य ही हैं। यानी, तब आप अपने मन की संस्कारग्रस्ता के वशीभूत रहते हुए और उसी के द्वारा निर्धारित किए गए तौर-तरीकों से ही सोचने, महसूस करने और कार्य करने के लिए विवश रहा करते हैं।

गड़बड़, द्वंद्व, टकराव, दुख, पीड़ा – इनको कोई *चुनता* नहीं है। पागलपन को कोई *चुनता* नहीं है। ये चीज़ें तो हो जाती हैं, और हो इसलिए जाती हैं क्योंकि आपमें इतनी पर्याप्त *प्रेज़ैंस* नहीं रहती है कि वह अतीत को पिघला सके, आपमें इतना प्रकाश नहीं रहता है कि अंधकार को दूर कर सके। आप पूरी तरह 'यहां' रहते ही नहीं हैं। अभी भी, आप पूरी तरह जागे ही नहीं हैं। और इस दौरान आपका संस्कारग्रस्त मन ही आपके जीवन को चलाता आ रहा है।

इसी तरह, अगर आप उन लोगों में से हैं जिनकी अपने माता-पिता के साथ नहीं निभ रही है, आपके माता-पिता जो करते हैं, या जो वे नहीं करते हैं, उसके प्रति अगर आप रोष व नाराज़गी पाले हुए हैं, तो इसका मतलब यह है कि आप अभी भी यह माने हुए हैं कि उनमें चुनने की क्षमता है – कि वे इस तरह के बजाय किसी और तरह भी तो कर सकते हैं। हमेशा ही, लगता तो यही है कि लोग जो कर रहे हैं वह करना उन्होंने चुना है, लेकिन यह एक भ्रम है। जब तक आपका मन अपने संस्कारग्रस्त तौर-तरीकों से आपके जीवन को चला रहा होता है, जब तक कि आप मन *ही हैं*, तब तक आपके सामने चुनने की नौबत ही कहां आ पाती है? बिल्कुल नहीं आती। आप तो वहां होते तक नहीं हैं

जहां आप हैं। मन के साथ तादात्म्यता वाली – मन के साथ एकात्म, एकाकार व एकजान कर लेने वाली – अवस्था तो एक बहुत बुरी तरह का गड़बडझाला है। पागलपन का एक रूप है यह। लगभग हर व्यक्ति इस अवस्था से ग्रस्त है, हर एक के पागलपन की केवल मात्रा ही अलग-अलग है। जिस पल आपको इस बात का बोध हो जाता है, उसी पल आपका रोष, आपका आक्रोश और आपकी नाराज़गी तिरोहित हो जाती है। तो, किसी की बीमारी के प्रति भला आप रोष कैसे कर सकते हैं? बल्कि, किसी की ऐसी अवस्था के प्रति किया जाने वाला उचित व्यवहार ही करुणा होता है।

अगर आप अपने मन द्वारा संचालित किए जा रहे हैं, और जो कुछ आप कर रहे हैं वह करना भले ही आपके द्वारा चुना गया न हो, तो फिर भी खुद के अचैतन्य रखने के परिणाम तो आपको भुगतने ही पड़ेंगे, और इस तरह आप और-और दुख सृजित करते जायेंगे। भय, द्वंद्व, टकराव, समस्याएं और पीड़ा – इन सबका बोझ तो आपको उठाना ही होगा। और, इस प्रकार से पैदा होने वाला दुख अंततः आपकी अचैतन्य अवस्था से बाहर निकलने के लिए आपको विवश कर ही देगा।

आप खुद को या किसी और को तब तक सचमुच क्षमा नहीं कर सकते जब तक कि आप अपने स्व का भाव – अपने अहं का भाव, अपने होने का भाव – अतीत से हासिल कर कर रहे होते हैं। सच्ची क्षमा केवल 'अब' की शक्ति के जरिए ही की जा सकती है जो कि आपकी ही शक्ति है – आपके मन की नहीं। यह अवस्था अतीत को निर्बल कर देती है, और इसमें आपको गहरे तक यह बोध हो जाता है कि जो कुछ भी आपके द्वारा किया गया है या आपके प्रति किया गया है, वह उस ज्योतिमान सार तत्व को लेशमात्र भी स्पर्श नहीं कर पाता है जो कि वास्तव में आप हैं।

जब आप *जो है* के प्रति समर्पण कर देते हैं और ऐसा करने से जब आप पूरी तरह *प्रेज़ेंट* रहने लगते हैं तब अतीत

के पास कोई शक्ति नहीं रह जाती है। तब, आपको अतीत की आवश्यकता ही नहीं रह जाती है। *प्रेज़ेंस* ही महत्व रखती है। 'अब' ही महत्व रखता है।

प्रतिरोध चूंकि मन का ही अभिन्न अंग है, उसे मन से अलग किया ही नहीं जा सकता है, इसलिए प्रतिरोध का त्याग कर देना – यानी समर्पण करना – ही आपके कंमांडर रूपी मन का अंत करना है, यह उस मन का अंत करना है जो कि छद्म वेश में "आप" बना बैठा है, नकली खुदा बना बैठा है।

मन द्वारा धूमिल कर दिया गया *बीइंग* का साम्राज्य तब उभर कर पुनः सामने दिखाई देने लगता है।

अचानक, आपके भीतर एक विराट नीरवता, और शांति की अथाह अनुभूति अवतरित होने लगती है।

उस शांति में होता है महान आनंद।

उस आनंद में रहता है प्रेम।

और, उसके अंतरतम कक्ष में वास करता है वह परम पावन, वह अपरिमेय जिसको कोई नाम नहीं दिया जा सकता।

For information on talks, satsangs, intensives, retreats, and meditations given by Eckhart Tolle see:

www.eckharttolle.com

For further details, contact:
Yogi Impressions LLP
1711, Centre 1, World Trade Centre,
Cuffe Parade, Mumbai 400 005, India.

Fill in the Mailing List form on our website and receive, via email, information on books, authors, events and more.
Visit: www.yogiimpressions.com

Telephone: (022) 40115981, 22155036
E-mail: yogi@yogiimpressions.com

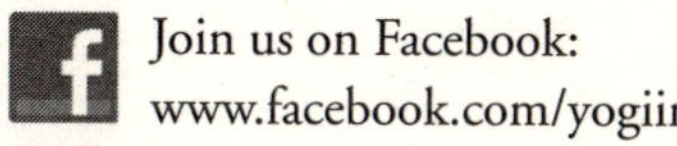
Join us on Facebook:
www.facebook.com/yogiimpressions

Join us on Instagram:
www.instagram.com/yogi_impressions

ALSO PUBLISHED BY YOGI IMPRESSIONS

The Sacred India Tarot

Inspired by Indian Mythology and Epics

78 cards + 4 bonus cards + 350 page handbook

The Sacred India Tarot is truly an offering from India to the world. It is the first and only Tarot deck that works solely within the parameters of sacred Indian mythology – almost the world's only living mythology today.